上海高校“美术学”高峰学科建设项目

上海·足迹

张自申

邵 捷　主编

总　序

“上美 足迹”系列丛书记录了上海大学美术学院从1983年至2000年间的一段学院教育发展史。它真实客观地记录了美院这一段耐人寻味的重组、初创、成长的全过程，以及每一位亲自参与其中的学术骨干和学术带头人的亲身经历。

海上知名美术教育家刘海粟在1912年创办了上海美术专科学校，简称“上海美专”。后于1952年全国院系大调整时迁入南京，与苏州美术专科学校、山东大学艺术系合并成为现在的南京艺术学院。大部分人都不知道的是，上海大学美术学院与“上海美专”这所曾经享誉海内外的著名艺术院校有着密切的承传关系。1959年，为顺应当时上海城市建设以及文化发展的需要，上海又成立了一所美术专科学校，简称“上海美专”，创办时定为本科院校，即现在上海大学美术学院（以下简称上大美院）的前身。原“上海美专”的骨干教师唐云、吴大羽、张充仁等成为新成立的“上海美专”国画系、油画系、雕塑系的教学骨干。尽管刘海粟创办的“上海美专”迁离了上海，但其海派美术的精髓却经由颜文樑、周碧初、俞云阶、张隆基、李泳森、哈定、白蕉、胡问遂、潘伯荫、程十发、陈佩秋、江寒汀、涂克、吴大羽、唐云、张充仁、陆抑非、郑慕康、周方白、蔡上国、沈之瑜、丁浩等许多海派美术大师在新“上海美专”的教学中真正地传承了下来，发展至今培养了一批称雄于中国的上海艺术家，并为创立新时代的美术流派奠定了基础。“文化大革命”期间，“上海美专”又转为上海美术学校（中专）。1983年，为顺应改革开放的城市文化建设需求，上海市政府决定在上海美术学校的基础上成立上海大学美术学院，当时美院是独立法人办学机构。这意味着学院从传统美术教育向顺应城市发展需求的当代美术教育转型。

这套丛书较为完整地记录下了美院转型时期的学术观点、教学方法乃至价值观的冲突等。书中很多内容是以口述历史的方式呈现的，目的是如实、客观地记录相关的历史资料，以便后人在研究这段美院历史时有第一手的佐证资料。

改革开放经济率先，市场经济的逐渐建立，引发了人们多元的需求和活跃的思想，随之，人们的审美需求和价值判断也有了多元化的取向。在计划经济时代，人们的需求是按计划统一配给的，审美是没有选择的，价值判断标准也是唯一的。由于海纳百川的文化积淀，改革开放以来，国内没有一个城市能像上海这样，自然而然地接受和融合开放带来的新思想、新概念，其表现在经济上，是对西方科学理念的迅速接受与消化，表现在文化上则是善于洋为中用。上大美院就是在这样新的历史变革背景下重组成立的。

从“凯旋路”到“上大路”

凯旋路30号是上大美院1983年重组建院的地址，那里承载着上海改革开放后的百废待兴、城市发展的文化建设愿景和一代美院人的奋斗理想。

如所有院校一样，上大美院的创建初期是从选院长开始的。最初的院长人选是方增先。在宣布出任上大美院院长后，方增先教授因各种原因未到位。最终，邀请中央美院李天祥教授来担任上大美院院长。当时上海美术学校已经聚集了一批实力雄厚的美术创作和教育人才，在绘画方面有孟光、应野平、俞子才、乔木、陈家泠、王劼音、凌启宁、戴明德、周豹健等；在设计方面有张雪父、胡丹苓、曹有成、沈福根、陆光仪等；在专业基础教育方面有陈向、诸玉凤、乐蓓蒂、陆广年等。在此师资基础上，又从上海出版界引进了李槐之、任意、顾炳鑫、韩和平、金纪发；从油雕院、上海戏剧学院、上海美协引进了章永浩、廖炯模、步欣农、张培础、施忠平等；从全国艺术院校引进了一批骨干教师和优秀毕业生，包括李游宇、周爱兵、张敏、王一先、唐锐鹤、杨剑平、徐建融、潘耀昌、周国斌、黄建平、李超、李晓峰、陈平等。这一批美术英才汇聚于凯旋路30号，成为上大美院的重要师资力量。由于美院多为引进人才，他们对美术教育有着各自不同的思路与方法：从艺术院校引进的教师，重视造型基础，坚持学院派的基础训练；从创作单位引进的教师，重视实践能力，坚持以创作带基础训练；而探索当代艺术的教师，则认为过多的传统基础训练束缚了创新。正因为他们在教学理念与艺术风格上都坚持己见，因此掀起了全院的教学讨论和教学改革实验。油画系廖炯模、凌启宁等老师坚守住了学院派的教学体系，培养了赵以夫、梅琳等一批在国际上享有美誉的艺术家。韩和平在艺术研究所结合社会需求以创作带教育，为上海农民画培养了一批传承人。学院与书画出版社合作整理出版中国古代文献，在卢辅圣、徐建融的指导下，带出了凌利忠、汤哲明、单钧等一批传统书画研究者，并为以后成立史论系打下良好的基础。国画系应野平、俞子才、乔木、顾炳鑫等老先生坚持传统教育，陈家泠则主张笔墨技法的创新和进行形式上的探索，而张培础坚持写生的学院派主张，让学生在掌握传统文化的同时开阔视野，独立思考，培养了丁乙、金江波、龚彦等一批在国际上享有盛誉的当代艺术家，还有在国内崭露头角的后起之秀白璎、丁蓓莉、毛冬华等。雕塑系在章永浩、唐锐鹤的率领下，结合上海城市人文环境品质提升，创作了大量城市雕塑，带出了一支基础扎实、勇于承担重大城市雕塑任务，作风过硬的创作、教学队伍。设计系的张雪父、任意在装潢设计、书籍装帧方面发挥了上海商业美术的重要作用，为上海电影、电视节等重大文化品牌活动以及大型企业的视觉形象设计（石化、电视台、东航等）做出了成绩。在张自申的组织和带领下，在国内率先教学改革，实行学分制探索并结合城市建设需要建立环艺、动画专业，为社会服务的同时培养了一批动手能力强、适应行业需求的应用型人才。

张坚作为当时美术学院的党委书记对校园文化建设做了大量工作，从废弃仓库里的上美沙龙，到丝绸之路万里行，再到自娱自乐的舞会、挥洒青春的篮球场、灯火通明的教学楼，凯旋路 30 号留给美院人太多美好的回忆。这是一个学术争鸣、多元发展、丰富多彩的艺术教育课堂。在那里，为上海改革开放、城市建设培养了一批服务社会的应用型人才，为上海城市文化建设培养了一批领军人才。

1994 年，上大美院被并入新上海大学，2000 年迁入上大路 99 号的新校区，成为综合大学中的二级学院。校址新了，离市区远了，规范化的管理也让本来就没时间概念的师生们到点就离校，渐渐的，本该属于艺术创造者的忘我创作热情被慢慢冲淡。上大路 99 号成为一个“上班”的地方，与凯旋路 30 号相比，少了一点融洽的人情和学术的氛围，而这些恰是艺术教育的生命力之所在。美院人在统一、规范、标准化管理下，从反感、麻木到顺应，在痛苦中发现了理性的智慧之光，学会和经历了从感性到理性、再从理性出发操控感性表现的认识提升过程，学会了战略思考，在学科布局、专业建设上抓住先机，实现了美术学博士点在上海零的突破，而设计学、艺术学理论博士点的申报成功，也奠定了艺术类研究型大学的基础。我们积极发挥上海大学综合大学的学科优势，开创了在美术院校办建筑系的先河，这是上大的首创，也改变了中国建筑专业只在工科院校办的历史。美术院校办玻璃艺术工作室也是我们的首创，它为各大美术院校培养了一批玻璃艺术专业的骨干教师，可谓是中国玻璃艺术教育的“黄埔军校”。上大美院的交互艺术专业在国内艺术院校中也是名列前茅的，这些全新专业的建立和领先地位的取得，是我们探索艺术与科技结合方面取得的成果。

2009 年美院建院 50 周年之际，结合科学发展观的学习大讨论，对上大美院的历史和现状进行了梳理与总结，提出了“都市美院”的发展定位，提出了“平和包容，敢为人先，追求卓越”的学院精神，提出了“个人生存，事业发展，国家需求”三位一体的治学价值观。同时，还提出美院“形散神聚”的多元发展追求。这些理念与观点已逐渐形成上大美院的文化并被认同。

从凯旋路 30 号到上大路 99 号，上大美院经历了从重组、初创到发展、成熟的过程。回首三十余年，有太多的经验教训值得总结。

从“大美术”到“公共艺术”

1983年重组成立之初，上大美院只有绘画、设计两个专业和一个附中，发展至今已有九个专业、五个一级学科、三个一级学科博士点、一个博士后流动站、一个国家级教学实验中心。在三十余年的时间里将上大美院建设成为上海目前学科门类最齐全的美术类专科院校，顺应了上海改革开放30年来经济建设文化发展的需求，并从中抓住了其带给我们的发展机遇，形成了促进事业发展的动力，除此以外，更是依靠学院各专业的老师、学科带头人的不懈努力的结果。

上大美院建院时，李天祥院长提出了“大美术”的办学理念，让美术走出象牙塔为社会服务，在全国艺术院校中率先成立了产、学、研一体化的美术研究所。在这种办学理念的推动下，学院各学科开始探索如何服务社会，当时上海城市雕塑50%以上是由上大美院创作的，此外还承担了北京人民大会堂国宴厅、社会厅的装潢设计等国家重大任务，并与国际合作开发了陶瓷的服装配饰系列产品，远销美国、中东。“大美术”以社会服务需求为牵引，打破了学院与社会之墙、专业与专业之墙、教与学之墙、研究与应用之墙，融合专业、社会各方资源，共同合作，共同发展，形成了上大美院的办学特色。

到20世纪90年代后期，学院将“公共艺术”作为上大美院“211”工程重点学科建设并申报成功。这标志着把“大美术”办学理念形成的特色提升为学科体系建设，由学科特色转化为强势学科。经过了“211”工程的三个五年计划建设，“公共艺术”学科构架已成体系：为本科专业搭建了公共实验教学平台——公共艺术技术实验教学中心（国家级）；为各专业搭建了提升专业能力的学科平台——公共艺术创作中心（上海市艺术重点学科）；为学科服务社会搭建的平台——公共艺术协同创新中心（上海市2011项目）；为学科在公共艺术领域中扩大影响力和构建话语权搭建的国际平台——国际公共艺术奖和论坛（与国际公共艺术协会共同主办）；为学科的学术积累和引领搭建的学术平台——《公共艺术》杂志（国内公共艺术唯一的专业杂志)。五个平台有机地构成了一个以对接本科教育为基础，以服务社会提升学科能力为目的，以扩大影响力、建立学科学术导向，赢得话语权为目标的公共艺术学科建设体系。近年来，在本科教育、学科发展、服务社会、国际影响、学术积累方面发挥了积极的作用，也显著提升了上大美院整体办学能力。在2012年教育部学科评估全国排名中，美术学、设计学、艺术学理论上大美院均为第7名。相比上海的国际影响力和地位来看，我们美院还有很大的提升空间。

从“大美术”到“公共艺术”，是上大美院办学特色和理念的确立过程，是学科建设推进学院发展成长的方法和路径，是从发挥专业优势顺应社会发展需求到主动引领社会发展需求的转变过程，是从参与社会环境改造和经济建设的硬实力建设到深入社区文化建设、提升城市人的自我认同感和审美品质的软实力建设的转变过程。从“大美术”到“公共艺术”的学科发展思路和历程奠定了上大美院良好的学科基础，在改革开放初期和现在的社会转型期都具有现实的指导意义，为上大美院的学科发展指明了方向。

从“上海首届抽象画展”到“约翰·莫尔绘画奖（中国）及作品展”

上大美院从未间断过担当推进上海当代艺术发展历史责任的角色。上海美术界同样经历了中国当代艺术的“85 新潮”运动，上大美院也曾经出现过模仿西方当代艺术形式来对当时美术教育提出质疑的作品，学生上街作行为艺术，周铁海、汤光明等中专学生初生牛犊不怕虎，在校园里自发地组织了针对当下时局不同看法的观念艺术、装置艺术展，引发了各界关注。好在很多老先生非常包容，在保护和引导下化解了矛盾冲突。“85 新潮”过后的上海美术界不像内地其他地方的当代艺术那样趋于政治化，而是转向了艺术本体的探索和解决艺术语言当代性问题。上大美院从某种程度上说，参与和引领了这一探索艺术本体的潮流。在 20 世纪 90 年代初，上大美院聚集一批上海的当代艺术家，举办了上海首届抽象画展，开创了上海当代美术语言探索的先河。学院教师率先投入其中，陈家泠教授从中国传统绘画语言中探索当代语境下的审美表现；王劼音教授探索东、西方表现性语言与构成，结合传统笔墨章法，追求绘画语言在空间的张力；姜建忠教授在学院派的经典表现基础上结合现代表现主义的手法和形式构成，探索建立当代学院派绘画风格。杨剑平、张海平、宋海东、刘建华、夏阳、蒋铁骊等一批雕塑系的老师们代表了上海当代学院派雕塑创作的追求和探索。上大美院的学术创作骨干们的创作形式多样、题材丰富，在作品中渗透着一种浪漫中不乏理性、空灵中不失沉稳的上海特有的艺术气质，已逐步形成了上大美院的艺术风格。于此，也影响了上大美院的美术教育并培养了一批像丁乙、秦一峰、韩峰、王建国、马良、金江波等在当代艺术表现形式探索上取得国内外同行认可的、具有相当影响力的艺术家。

在国际当代艺术从观念、装置、影像又回归绘画表现的趋势转向时，上大美院于 2010 年与英国约翰·莫尔基金会合作，引进英国已有五十余年历史的约翰·莫尔绘画奖的赛制，在中国设立约翰·莫尔绘画奖，并举办获奖者作品展。希望通过该活动建立中国当代美术与西方当代美术的对话机制，把中国的当代绘画推向国际，让世界了解中国的当代绘画，更重要的是建立国际语境下的中国当代绘画评价标准。在第二届约翰·莫尔绘画奖（中国）举办的同时还创办了约翰·莫尔绘画评论奖。学院希望在这样一个国际平台上建立自身的评价体系，构建当代绘画的话语权，推动上大美院的当代美术教育发展。该奖项活动已成功举办了三届，第一届大奖获得者韩锋是我院的研究生，他的作品从3000余幅参赛作品中脱颖而出，终获大奖。这三届获奖作品与英国的获奖作品在英国利物浦双年展期间共同展出，引发了国际当代绘画界的关注和好评。韩锋、李周卫等的作品受英国美术馆画廊邀请办个展，并被国际藏家收藏。

从"上海首届抽象画展"到"约翰·莫尔绘画奖（中国）及作品展"是上大美院在当代艺术创作和教育上探索的过程，是将当代美术从上海地域视野拓展成为国际舞台上参演者立场的方法和目标转变过程，也是从当代美术创作、教育到建立当代美术评价体系，构建国际当代美术话语权的努力过程。经三十余年几代师生的共同努力，上大美院在中国当代艺术创作、教育的探索方面成绩斐然，有目共睹。

作为地处上海的美术学院，我们与上海在国际上的地位和影响力相比还有一定的距离，还需要付出更多努力。

当我们怀念凯旋路的学术氛围时，就应考虑什么样的教育体制、机制能适应师生的学术自主性，让师生成为教育真正的主人。当我们羡慕兄弟院校的发展时，就应更清醒地认清自身的定位，建好自身的学院文化，自信地发展自己的特色，走自己的路。当我们深感上海发展速度对学院学科建设的压力时，就应考虑学科建设如何能进一步引领社会发展，肩负起教育的历史责任。

我从1982年到上海美术学校，经历了天津路、凯旋路、上大路三次校址的搬迁，见证了上大美院的重组、创建、发展、成熟的过程。33年，对于一所学校的历史而言只是弹指一挥间，但对于个人而言却是将一生最美好的时光奉献给了这所学校。上大美院有今天，是有名字在这套丛书中被记载的，或是没有被记载的全体师生员工共同努力奋斗的结果。希望这套丛书能见证这段历史并献给在上大美院工作、学习过的全体师生员工。

汪大伟

2015年9月

目　录

张自申，1933 年 11 月 19 日生，上海青浦人。1949 年进部队艺术学院。1956 年考入中央美术学院油画系，师从吴作人、艾中信等教授，1961 年以优异成绩毕业于吴作人工作室，毕业创作为《老兵新传》。后任教于安徽师范大学，历任安徽师范大学讲师、美术教研室主任、副教授，1985 年，于上海大学美术学院，先后担任教授、副院长、院长。代表作有《强渡天堑》等。

第一章　艺术人生

我的艺术之路

张自申

张自申先生

我出生于 1933 年 11 月的寒冬，从小住在江苏省青浦县（今上海市青浦区）的一栋老宅内。宅后靠着护城河，宅前紧临西虹街。当时家里兄弟姐妹甚多，我排行第八。我的祖父张继斋是 20 世纪上半叶报业革命中的一位重要人物，他办报时间长达 42 年，三进《申报》主持笔政 7 年，两进《新闻报》主持笔政 16 余年，执笔 27 年之久。而我的父亲张亚庸是一名戏剧评论家。我从小生活在老宅里，小姐姐阮波（作家，原名张薇青）在《百年正气》提到的留余堂就在老宅里。

在我的印象里，祖父是一位很严肃的长者，对孙辈要求很是严格。我小时候吃饭不小心把饭粒掉到桌子上，准会受到他的批评。但同时，祖父又是一个助人为乐、勤恳、爱国的人。在教导学生上，祖父孜孜不倦；在自己的工作中，祖父严谨对待；在生活上，就算对上门的乞丐，祖父也都是有应必求的。

我庆幸自己生在这个有着浓郁的文化氛围、有着良好的家庭教育和充满爱心的大家庭里。

生活在那个动荡不安的年代里，为了逃命，全家人不停地“转移阵地”。而我的童年也是几次避难，几度转学。1937 年，抗日战争全面爆发。年仅 4 岁的我就和家人一起踏上了逃难的道路。没日没夜地奔波后，我们暂时先安定在了金家庄。这个有着近千农户的大村庄位于淀山湖西侧的一个小岛上，十分闭塞，但是不同于我之前所住的宅院，这里四周环湖，给人一种世外桃源的感觉。在避难的几个月里，我们兄弟姐妹都失学在家，令我印象最深刻的就是小姐姐阮波带我去湖边的草垛上教我画画的情景。在那一刻，我感觉时间都慢了下来，波光粼粼的湖面和优美的风景都无时无刻地在激发着我内心对于绘画的冲动，我想我对画画的痴迷也是由此而展开的。

好景不长，在金家庄的日子转眼就过完了，这个看似安全的避风港也开始发生土匪抢劫逃难人家的事件。于是，我们全家又仓皇地折回了青浦家中，但又不敢久住，只得又急忙“转移阵地”，逃往到上海法租界的八姑母家去。与其说是一栋小洋房，还不如说是一所难民营，每间房间都挤满了床铺。虽说环境比较艰苦，但也算是安定了下来，不料这般平静的生活却被祖父突发中风而猝亡的噩耗所打破，全家人悲痛欲绝。在打理好祖父的丧事之后，父母又为了我们求学的问题奔走东西，还专程到英租界租了两大间厢房。于是我们便从八姑母家搬出，迁到梅白克路（今上海市新昌路）上，我在那里念了一年小学。之后我又转学到南方中小学。据我所知，我们所就读的这所学校是地下党工作的一个阵地，学校所聘请的教师全是抗日积极分子，思想进步、作风优良、品格高尚。当时小姐姐阮波念中学，而我念小学。要不是有一天阮波因为从事地下党工作的缘故突然被捕，我们全家都可能会被她一直蒙在鼓里。几经周折，父亲好不容易托人将她保出来，但她一心想要投奔新四军。母亲看出她的心思后，迫于无奈把她关在了房间里。不过鉴于姐弟情深，平时我又深受她和进步老师革命思想的影响，因此她对革命的热爱和追随，我也多少能感同身受。于是，我就趁家里没人的时候，偷偷地打开窗子插销，使她得以逃往苏北新四军驻地。

我 8 岁的那年，全家人又搬到了戈登路（今上海市江宁路），于是我又转学到教会学校华童公学的附属生活小学。这所学校给了我第一次正式邂逅艺术的契机。当时我读四年级，爱画画的心使我开始关注身边一切看得到的艺术。而这个时候，学校正为一个名叫方闻的同学举办画展。方闻比我仅大两三岁，在 10 岁左右便举办了个人书画展，还被教师誉为“神童”，当时上海各大报刊都曾发表过他的绘画作品。于是喜爱画画的我便在好奇心的驱使下赶去看了画展。不得不说，在看过方闻的画作后，我竟一下子被吸引住了，可以说这是我第一次真正接触绘画。更没想到的是，阔别四十余年后，我在安徽省“纪念渐江研讨会”上竟仍能与方闻（时任美国大都会博物馆顾问）相遇，我想这也是一种缘分吧。

1945 年，我小学刚毕业，由于战乱，于是我又随家人逃回了青浦的家中。不料“屋漏偏逢连夜雨”，我患上了风寒症。这一病就是好多日，最后连开学都耽搁了。后来还是父母托人才使我进了青浦县立初级中学（今上海市青浦二中，曾是我祖父创办的愿学学堂旧址）。不过，在初中，我不仅在学校里不努力读书，回到家作业也经常不做，除了每天完成父母规定的一张大楷、三行小楷外，我把余下的时间都花在踢足球、下围棋和画画上了。 有段时间，我一放学就跑到曲水园中，跟一群爱下棋的老人较量，最后打遍曲水园无敌手。不过，无论是踢球还是下棋，往往都敌不过我最爱的画画。老宅的书房里有着大量的书籍，可是我都无暇顾及，因为我被外文杂志中的几幅油画吸引住了。于是从初中起，我就开始临摹自己所喜爱的作品，并且乐此不疲。每当我觉得自己的画作与原画有几分神似之时，成就感就开始蓬勃生长，也越发渴望画画。

在我的记忆里，有三位长辈对我的绘画起到了启蒙的作用。

第一位是教我美术的沈祖光老师，是他发现了我的绘画才能，并鼓励着我、培养着我。他多次当着全班同学的面表扬我画得好，还将我的画作拿去展览评奖。对于那个时候的我而言，沈老师为我所做的一切更加坚定了我要画画的决心。第二位是我的六姑父吴镜芙，他是著名画家胡佩衡的学生。对于我的画作，六姑父总是能及时指点并给予我一定的艺术指导。 第三位是我的姨父许玄谷，他曾毕业于上海美专，对于画画的热衷，总让我们有着说不完的话，我对艺术的理解也与日俱增，对油画的热爱也更加激情澎湃。

尽管战乱带给了我一段颠沛流离的童年生活,但是在这些苦难中，我经历了很多，也学会了很多。这几十年的成长、几次避难，不仅让我意识到生命的可贵，也为我之后的艺术创作积淀了力量。

1945 年抗日战争胜利，上海也随之解放，我初中生涯也画上了句号。面对学院的选择，在武汉工作的姐姐和在北京任职的大哥都为我提供了方向，一个是武汉部队艺术学院，一个是华北军政大学。我选择西行武汉，因为我想，艺术学院应该有画画的一席之地。

1949 年的 7 月告别青浦时，父亲曾赋诗一首为我送行："烟波浩渺新匹秋，如此江山壮一游。祝尔一帆风送便，上游竞进莫回头。"从这天起，我就一直用这首七绝激励自己奋发努力，不断进取。

我是乘坐长江轮去武汉的。由于国民党飞机仍在轰炸中，轮船只能夜行，所以我经常趁白天平静之时上岸游览。一次在芜湖我和二哥一同乘一条小船上岸，正巧遇到要去前方体验生活的电影艺术家张骏祥、舒绣文、顾也鲁、墨翟等。他们对 16 岁的我只身前行大加赞赏，而我也很庆幸竟能与这些名人同乘一条船。没想到我考进第四野战军兼中南军区部队艺术学校后，张骏祥等人来校做讲座，见到我，还非常热情地和我交谈。

张自申，摄于 1950 年

这所学校设有舞蹈、音乐、戏剧三个系。美术老师有两位：一位是教美术史的李裕老师（后任鲁迅美术学院教授），另一位是教舞台美术的刘露老师（后任中央戏剧学院舞美系主任）。当时我把视线全神贯注地瞄准在了戏剧系美术队，不过必须得通过面试那关。我犹记得面试那天这两位美术老师问我是否会素描，我说不会。老师们便打开窗户要求我写生一棵窗外的树。最后我侥幸以一句"还行"入了围，这样我就成为戏剧系美术队的一员了。

在艺术学校里一年的生活是多姿多彩的，也是受益颇多的。全校师生五百余人，以师、团、营、连、排来编排划分，很多干部来自延安鲁迅艺术学院，还有一些是全国著名艺术家,师资力量还是比较强大的。在这里学习画画，不太注重专业的分工，而是比较注重一边实践一边学习，这种方式的学习也让我更加全面地了解到了艺术。有中心工作，全校师生就一起干。我学了一段时间的写生之后，就有接二连三的大活动：9 月下旬，先是参加了武汉中山公园举办的《黄河大合唱》，排练街头活报剧，然后开始话剧《胜利渡长江》，10 月正式上专业课。刘露老师带领我们完成《胜利渡长江》一剧的舞台美术设计和制作，大家都忙得不可开交。

1950 年 4 月，我们在武汉大光明剧场正式演出了《胜利渡长江》。所谓"台上一

1951 年广州军区政治部美术组，右二为董辰生、右三为孙滋溪、右四为张自申

1951 年与董辰生合影，左一为张自申

1951 年，右一为张自申

1951 年庐州，右三为张自申

1952 年，左五为张自申

1952 年，左二为张自申

1952 年，左三为张自申

1952 年，在武汉中南部队艺术学院

1954 年，55 军美术组在一起，左二为张自申

分钟，台下十年功”，我们的倾情演出博得了来自五湖四海的无数观众的赞赏，不过随着这场戏剧的完美落幕，我的学院生涯也随之落下了帷幕。

毕业后，我紧随部队一起去湖南剿匪。在中南部队艺术学院学习的时间不足一年，其中在剿匪的一个多月里，是我人生的宝贵财富。军纪的严明、沿途秀丽的风景、爬山路的艰险、夜行军的紧张，甚至邵阳中学双人铺上臭虫的猖獗，都给我留下了不可磨灭的印象。

毕业后的我因为受到部队领导的赏识留在了学校并被编排在了美术组任职。这期间，我所设计、制作并绘画布景的舞台剧《不能入库》大获人心，几乎场场都爆满。此剧的主旨是教育战士要消除和平麻痹思想，武器不能入库，因为阶级斗争还很尖锐复杂。舞台设计由我完成，从设计、制作到绘景。茅草房、围墙都是我画出来的。戏剧的成功使我也受到了部队首长的高度赞赏，这一肯定更加让我有种不可名状的成就感和自豪感，也让我更加热爱我手中的这支画笔。

1952 年 9 月，我随部队南下，成为广州军区政治部美术组的一员。

1954 年，我参观了规模宏大的苏联美术展览。这次的展览使我大开眼界，首次面对欧洲油画原作。这次展览中，部队和地方上的一些美术工作者都借着难得的机会争先恐后地临摹画作。于是我也将目光投向了一幅名为《少先队员》的油画上。开始只有我一人临摹此画，后来很多临摹者的目光都投向了这幅《少先队员》。在场的苏联美术评论家扎莫什金大概是为我认真的态度所感动，看了我临摹的画，指着我说了一句“这小鬼临得不错”，还将那幅展览的画专门取下放在办公室，方便我临摹。这次临摹，使我充分理解了原作，并学会了在临摹过程中处理好技法和色彩的关系。

不久，部队搞现代化，美术组解散，我被分到 55 军政治部文工团。声乐老师认为我有声乐天赋，劝我改行学声乐，但我无法割舍对画画的热情，就调去筹备军史展览会。我画了《狼牙山五壮士》（五壮士的壮举就发生在 55 军），得到军区领导、文化部领导的首肯，我因此立了三等功。我还画了一张《海军测绘》，在杂志上发表。从此我在军区就小有名气了。

20 岁出头的我，自知画画功底不深，应该深造。看到跟我在同一部队的孙滋溪、张德育都考上了中央美术学院，十分羡慕。我向领导提出申请，不过刚一申请就被领导扣下了，原因是我的年龄太小，应该多在部队磨炼几年。于是我就一边学习一边等待着机会的来临，终于在 1956 年看到了转机：国务院发文，要求各级组织鼓励在职工干部报考高等学院。我立即写申请，这次的申请很快获得了批准。这年的 8 月我顺利考入了中国美术最高学府——中央美术学院。

我很庆幸自己 16 岁时就开始长达七年之久的军旅生活，这对坚定志向、磨炼意志有着不可估量的作用；我更庆幸自己在漫漫征途上有画笔相伴，这让我紧张的生活中充满了诗情画意。

进了中央美术学院油画系之后，我才明白自己能够凭借一纸画作入围实属万幸，当时许多小有名气的考生都与之擦肩而过。在中央美术学院里，名家辈出，画家云集，想要博得一些成就，这五年的生活就必须“头悬梁，锥刺股”。在这五年的学习里，我一直都如同一根绷紧的弦，一刻都不敢松懈。一大早起床赶去上外语课，之后是五节专业课，匆匆吃完午饭后，又赶忙外出写生。

刚入学的日子里，每天写生，每天贴画，每天点评，谁也不甘落后。写生时我总是全神贯注，心无旁骛。正值苏联专家马克西莫夫来院讲学，主课老师请他对教室墙壁上的画作作出评析。他绕着教室转了一圈，指着我的画说：“这个学生画的是油画。”言下之意是我的油画算是入门了。就凭这句话，我一下子闻名全校。

第一学期评分，我将一个女子肖像画作深化成一幅朦胧美的女人肖像画作为期末作业。虽然自我感觉良好，但是一开始的评分却不尽如人意。助教认为我的作品并不忠实于对象，没有评分。主讲老师韦启美并不这么认为，不过也没坚持。第二轮，系主任和教授同样没有给分。我感到压力很大，不料峰回路转，第三轮正副院长、各系主任和苏联专家分别给了我素描、油画 5 分，全班最高分，给予了我莫大的肯定。我这才知道领导和教师的审美标准如此大相径庭，我却由此更明白了独立思考的重要性。

我在部队的月薪是 68 元，到中央美术学院深造，每月的调干助学金为 25 元。我就为《解放军战士》等三个杂志的画插图，录用一张插图可得到 30 元稿费。这些努力不仅为我赚取了一些可观的收入，也赢得了许多课外经验。偶尔，忙中偷闲的我会约上三五个好友，吃上一顿，也算是心满意足了。

二年级期间，系主任艾中信老师为我们授课。我十分喜欢艾老师的画，看他的画作总是让我很享受，可以说我之后的绘画风格也深受其影响。有一次，我的两幅风景画有幸被他挂在办公室的墙上，为此我也兴奋了好几天。对我而言，老师的欣赏是对我最大的鼓舞。

升大三的时候，“反右”政治运动，大三“大跃进”时，引发了大炼钢铁的热潮。为此，连中央美术学院都搬到了石景山钢铁厂附近一个叫莫式口的村子里，而我几乎天天被派去买炼钢的坩埚。不能画画的我顿时感觉待在这里也毫无乐趣，于是萌生了退学的念头，不过学校断然拒绝了我的申请。幸好之后学校又恢复了原来的教学秩序，我又开始恢复了活力。这段低谷期丝毫没有影响到我之后的创作，我的

1958，在年康巴地区写生

1958 年为中国民族博物馆创作《红军通过藏、彝族地区》

1957 年春，在中央美院由韦启美先生带领全班同学下乡写生，后排左四为张自申，右六为韦启美

1957 年冬，雪地写生，右三为张自申

1956 年，在广州军区政治部美术组时与战友喻秀清（现中国著名航拍摄影师），左为张自申

作品《红军通过藏、彝族地区》被收录于中国民族博物馆，另一幅作品《高原之春》也入选了北京青年画展。

1956年，在海南岛

大四分工作室，我也是听从了艾先生的建议，进了吴作人工作室。吴作人院长虽看重东欧和西欧的绘画传统，但反对苏联那种模式化教育，主张因材施教。不过，后来吴老师身体日渐衰落，就由艾老师接管了工作室的日常教学工作。在这两位老师的悉心指导下，我的油画作品《养猪》以吴作人工作室的名义入选了全国美展。最后那个学年，艾先生给了我一个任务作为我的毕业创作：为中国历史博物馆画一幅《当代英雄,无高不攀》的大型油画。画面要求是描绘中国登山队登上世界最高峰——珠穆拉玛峰的场景。接到任务的我备感荣幸，脑海中翻滚着各种气势磅礴的景色和站在山颠豪迈挥舞国旗的登山员的情景……最后为了画出更真实也更生动的画面，我打算跟随登山队一同前往。为了这次任务,我不惜每天和登山队员们一起攀爬西山，还给自己每天附加了5000米的校跑。正当万事俱备、只欠东风的时候，国家却恰逢严重困难时期，攀登珠峰的计划也因此耽搁了下去。南柯一梦，所有的努力都成了泡影，但我也深知，没有最真实的生活感受是无法创造出动人的画作的，所以提起的笔最终还是放下了。

很快，艾先生又给了我一个任务：为人民大会堂西藏厅画西藏的春天。可是我的热情刚被煽起，就很快又被掐没了。这次的原因很简单，那就是去西藏没有足够的资金。

世界最高峰无缘攀，世界屋脊去不了，那就去别处体验生活。于是我随董希文工作室的同学去了敦煌，临摹壁画。敦煌千年的壁画，阳光射入洞窟，反射在墙壁时，彩色缤纷变化，使我震惊、激动。我立刻用自己的画笔临摹了起来，我的临摹是处在光线变化下的壁画。虽然同学们很欣赏，但是很快就受到了老师的严厉批评，说我们不好好学习中华传统文化，却用西洋画的眼光来临摹，那是民族虚无主义。

不久后我又踏上了去玉门油矿的旅途，在那里感受到了油矿工人的疾苦。玉门油矿的工人都是从部队转业而来的，是一群默默为祖国奉献的老兵。短短一周的生活，却让我觉得尤其漫长。由于粮食的紧张，这里吃的是用高原骆驼草制成的黑面，没有菜，只有酱油汤，偶尔配上几片菜叶。在这么艰难的条件下，工人们还在卖力地工作，他们的行为让我深受震撼。当油矿号召工人去戈壁滩开荒时，我也义不容辞地报了名。我成了唯一一个报名开荒的学生，但是我却感觉无上光荣。开荒的艰难我本有预想过，但是真当自己参与其中的时候，我才意识到这种艰难远远超越了我的想象。所以在我创作《老兵新传》时，我感觉我的责任重大，油矿工人们这种无私奉献的精神应该被人所熟知，他们的努力应该发扬光大。老兵的眼神平静而坚

1961年，中央美术学院毕业班各系同届同学合影，左一为张自申

1961年，在北京

定，一如我所看到的那种默默建设的工人一样，虽然他们没有冲锋上战场，但是作为一名油矿工人，我仍能看见他们眼中的自豪。这些佩服、感动和心酸，我统统倾注到了这幅作品之中。最后经过艾老师的指导，我的这幅《老兵新传》作为毕业作品发表在了《美术》杂志上。 让我感到骄傲的是，同期作品的其他作者，都是些老前辈，只有我一个小青年。不过这次油矿生活让我更加能明白创作艺术的过程离不开自己内心深处的感受。

1961年，我正式毕业于中央美术学院吴作人工作室。工作分配的时候，艾先生推荐我去上海，档案都送了过去，却不料被安徽省美协主席赖少其选中。本想着去安徽锻炼几年再说，就没想到这一待就是漫长的23年。

在中央美术学院的五年学习生活，最遗憾的是未能随中国登山队攀登世界最高峰，最欣慰的是我有幸在我国艺术最高学府学习，并在这么多艺术大师的指导下，接触和学习绘画艺术并真切感受到欲攀登艺术高峰过程中的艰辛和快乐。

刚进安徽艺术学院的时候，学院并未设立本科，所以我带的是一批大专生。这些学生很是努力，现在的他们也大多成为了安徽美术界的骨干人物。

之后安徽艺术学院部分并入了合肥师范学院，而我到合肥师范学院后首先做了两件事：第一件事是借资料、买画册、订国外油画杂志，还买了不少画。油画买不到，只买到中国名家国画。第二件事是开设油画课程，我还专门借了浙江美术学院和南京艺术学院留苏老师的作品进行展览，给学生更多的机会去看大家的作品，去学大家的作品。之后还从上海人民美术出版社借来一些著名的连环画原作，如《山乡巨变》、《愚公移山》、《铁道游击队》、《红日》等作品专供学生临摹。学生们的绘画水平提高得很快，我也很快升任美术教研组副组长。一年后成立了工艺美术教研室，我任主任。

成为一名教师后，我无愧于学校更无愧于学生，但就感情而言，我更喜欢创作，因为画画在我的生命中是最重要的。而且现在作为一名教师，更应去不断扩充自己的学识和磨练自己的画画功底，才能引领学生们更好地学习，而不是纸上谈兵，使其昏昏。但是要创作就必须体验生活，于是我就怀着满腔热情在暑假里去了淮北农村和淮南煤矿。在那里生活的几个月里，我和当地的农民和矿工成了朋友，他们的音容笑貌都是那么温暖。有了之前玉门油矿的经历，这次的生活我过得更有滋有味。创作的思绪也源源不断地涌入脑海之中，不久后，描绘三名红军老战士在淮北种田的《重聚》和反映淮北新农村生活的《脱谷机手》以及矿工生活的《争分夺秒》都相继问世，参加了全国美展并大获好评。还有一些作品也陆续刊登在了《人民日报》等报刊上。

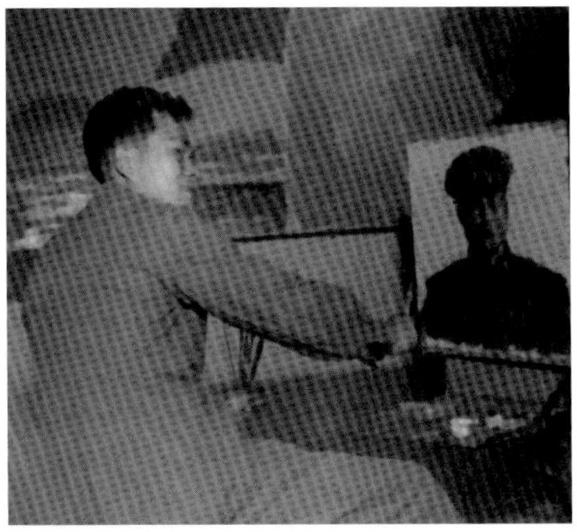

1960 年，在解放军坦克二校写生

1960 年，在北京解放军坦克二校写生

1961 年，中央美院同学
前排左一为张自申，右一刘秉江

1962 年，在合肥

1957 年，在北京

1962 年，刚从保加利亚访学归来的安徽省美协主席赖少其为我带回来一个留学名额，不过明确提出要求是，我不能和黄梅锦结婚，理由是她的家庭成分不好，而且还有台湾亲戚。尽管留学条件很诱人，但我还是断然回绝了。不过之后留学这件事也因中苏关系恶化给搁浅了。第二年的春天，我便与黄梅锦在北京的姐姐姐夫家举办了婚礼。期间来祝福我们的人还有当时任卫生部部长兼红十字总会会长的冯玉祥夫人李德全女士和红十字会总会副秘书长倪裴君女士，不得不说，她们的出席让我倍感惊喜。婚后的生活一直很美满，我也很感谢当初的自己并没有受到诱惑，而是去选择了这个之后与我同甘共苦度过了五十余年的夫人。

1966 年的 5 月，“文化大革命”爆发了。全国各地打响了“全面整顿教师队伍”的口号，教师们纷纷都陷入了这场浩劫之中。当时批斗名单中并没有我的名字，是因为之前在体验生活的时候，我曾和学生们同吃过一锅饭、同睡过一个铺，所以师生关系还是不错。但是明枪易躲，暗箭难防。有位教研组副组长抓住我几句为彭德怀鸣不平的话，给我安了一个现行反革命的莫须有罪名，还没等我反应过来，就被关进了牛棚。但是我又算是幸运的了，我的学生不停地护卫着我，而每次要批斗我的时候，红卫兵又拉我去劳动。虽然体力劳动很艰辛，但比起皮肉之苦和人格屈辱来讲，这都不算什么。这段日子里，我感觉时间就像停滞了一样，恶劣的环境和苦难每天都在折磨着我，虽然它们都不能打倒我，但是无法执笔画画和讲课的日子却让我觉得痛苦不堪。

1969 年，“文革”活动基本平静了下来，我被解放了出来，学校也从合肥迁到了芜湖，要“复课闹革命”了。回到学校后，我发现那些专门从国外买回来的石膏模型珍品都被摔得粉碎，教室也一塌糊涂。心痛之余，我还是坚持要上课，可是没有模型该怎么办呢? 于是我就要求学生临摹样板戏的照片海报或是带学生外出写生。正当教学水平稳步向前的时候，一件意想不到的事却发生了。那时，我带领学生去合肥参观“毛泽东思想万岁展览”，回来后有学生请我当场做一幅画示范。于是我兴致大起，就请了一位女生当模特来示范写生。没想到这件事引起了轩然大波，校方批判我说：“参观画展不好好学习毛泽东思想，却热衷于画美女。”对于这种无中生有的理由，我也无话可说，自己便提出了劳动的要求。很快我如愿以偿地被发配到了农场，与一群和我一样“没有改造好的臭老九”一起劳作。这些日子里的劳动让我感觉自由了很多，至少在这里我没有那么多的思想束缚。

1971 年学校把我调了回来，然后又连续两年派我去阜阳招生。那个时候高考还未恢复，招生采用的是工农兵推荐、地方政府审查和学校择优录取相结合的方法。不过，我发现招生的过程中存在严重的舞弊现象，为了使那些有梦想、爱艺术、有

1964 年与夫人黄梅锦合影

在安徽师范大学与美国马里兰美术学院教授亨利·科一起在芜湖长江写生时与学生们合影，后排左三为亨利·科，后排左四为张自申

志气的青年能得到公平的竞争，我在招生中可是使出了浑身解数。第一年，当地政府极力推荐给我淮北煤矿一名干部的儿子被我冒着巨大的压力换成了另一名优秀青年；第二年我极力阻止和拒收找人代考的学生。身为一名教师，我认为有责任去挖掘出更好的人才并培养他们，而不是让他们被这个时代所掩埋。

1976 年 10 月，“四人帮” 被彻底粉碎，干预和压制悼念周恩来总理的活动得到了释放，中国革命历史博物馆也为此在 11 月举办了纪念周恩来总理的展览。于是我被借调了过去，用了将近两个月的时间，由我起稿并和几名同学共同完成了 7 米多高、5 米多宽的大型油画《按周恩来总理遗嘱将骨灰撒在祖国大地上》。此画在展览中也受到了一定的好评，让我倍感光荣。1977 年，我又受命创作一幅反映百万大军渡长江的作品，为此有一周的时间我都没睡过一个安稳觉，始终处在一个亢奋状态。在没日没夜地画了三个月后，作品《强渡天堑》引起了极大的反响。8 月，这幅作品成功入选“全军 50 周年美展”并被中国人民革命军事博物馆收藏。当时，《人民日报》、《中国文学》(英文版)、《天津画报》等十几家报纸杂志都发表过这幅油画。1978 年，我再次创作的油画《上海工人第三次武装起义》和《粤海情深》被中国革命历史博物馆收藏，次年创作的油画《云岭》也陈列于北京人民大会堂。可以说，这几年的光辉岁月算得上是我艺术生涯中的一个鼎盛时期。

借调期间，中国历史博物馆申报成立美术创作组，为此我也希望能留在北京获得更多从事美术创作的空间，然而博物馆向国务院提出申请后，可是迟迟未批。此时安徽方面不停地催我回去，考虑到要评职称后，我又回到了安徽。不过这次的回去也是我的离别之际。

1980 年，全国师范院校油画教学会议召开，令我欣慰的是我们安徽师范学院拿出来的作品在众多院校中最受好评，这也算是对我在安徽这么些年教学水平的证明了，而我能较早评上副教授也多半有这个原因吧。但是事与愿违，在安徽也发生了一些不尽如意的事，这些事也更坚定了我离开这里的决心。

当时，省委领导调遣了早已平反昭雪的韩美林去负责改组安徽美协。之后，韩美林希望将我调到美协去协助他工作。一开始我只是担心在美协工作会没时间搞创作，但是后来我去合肥的时候偶遇一位画家，他和我说他极力反对韩美林负责美协改组工作。这句话对当时本有些动摇的我来讲就是当头一棒，不过也是一语点醒梦中人，之前我就曾耳闻过安徽美术界内的人事纷争，却没想到自己所得知的可能只是凤毛麟角。对于这些纷繁错杂的争斗，我一向避之若浼，虽然自觉辜负了他的一片好意，但我最后还是婉言谢绝了。

不久后，原籍为安徽的旅法名画家吕霞光要组织国内一批副教授以上的画家去他法国的工作室学习西方油画。当时全省内符合条件的就我一人，学校内也有人凿凿有据地和我说：我将去法国。又过了没多久，这件事就突然杳无音讯了。正当我纳闷的时候，中央美术学院的几位同学给我传来的消息则是：安徽把这个赴法留学的机会放弃了，推给了浙江。对此，一直蒙在鼓里的我感到了不可言喻的气愤，并不是因为这个赴法的机会没了，而是不解为何领导要阻拦我。在安徽的这么多年，我自知问心无愧，却仍避之不及。于是，离开的心更加坚定了。

几经周折，我最终还是获得了批准，调离了安徽。离开安徽的时候，心情是复杂的，虽然这里有过很多不尽如人意的往事，但是这里的山川一如我深情创作的《黄山云海》一般令人陶醉；这里的学生、朋友和同事一如我的亲人一样让我不舍。这里承载了太多的回忆，我一生中最充满活力的二十多年时光在这里度过，这里就是我的第二个故乡，我无法忘记这段亦教亦画、教画相长的生活。

1984 年的 5 月，年逾半百的我终于如愿以偿调回了上海。上海，是我祖父和父亲创下辉煌业绩之地，历来是艺术人才荟萃之处，而且此次回上海的主要任务是参加上海大学美术学院的筹建工作，对此我也深感责任重大。

筹建工作始于 1983 年，刚开始筹建之时，百废待兴。我调到了上海大学美术学院。原来的筹备组有张雪父、李槐之、史嘉秀、任意和徐佩青、徐翰章，我是后来补进来的。我主要的筹备工作是负责教务、科研，并兼外事。不过面临着第一次的招生工作，我感到压力重大，因为当时各系专业的教学方案、教学计划、教学大纲都没有，全是一片空白，于是我利用暑假期间，参阅了国内各美术院校的教学方案、计划、大纲，撰写时渗入了我在安徽任教时的经验，完成了油画系、国画系、雕塑系以及设计系的教学方案、教学计划和教学大纲。9 月学院正式开学，我被任命为分管教学教务工作的副院长，成立教务处，由许承兴协助我工作。

1984 年学院为了补充培养、加强师资力量，我提议开设两个干部专修班。第一届招的是设计系、国画系、油画系，计划各招一班专修科学生，生源一部分来自社会上比较优秀的美术工作者另一部分是美术学课业上的教师。实际上，当时只是开小灶，聘请了国内比较有影响的著名画家、教育家来上课。最后培养出的这批上海青年美术家，都成为了现在上海市一批有实力的画家，如施大畏、赵以夫等。1985 年 3 月，中央美术学院李天祥来我院任院长，中央美术学院原教务处长居志坚来我院任教务长，专抓日常教学管理工作，我就转向了学分制建设并在雕塑系兼任素描老师、任副院长专抓设计系全面工作。在我们共同的努力下，上海大学美术学院的教学工作终于开始走上了正规，我也算是安了下心。

上海大学作为当时一所新型的改革开放性大学，与国际上的大学来访频多，美

1983 年，在安徽师范大学课堂上

1982 年，在安徽祁门文化馆与群众工作者，右一为张自申

1982 年在北京

1983 年与安徽省美协领导与各地学生代表会影，后排右五为张自申

术学院也尤为受国际友人的重视。为了扩大美术学院在国际上的影响及与世界美术的交流，教研工作结合外事工作，在 1984 年的下半年就开始筹备了三个展览，分别是到美国的、丹麦的和日本的。在丹麦的皇家花园内办的是中国绘画艺术展，当时丹麦皇太后也来观看过。作品基本上都是我们学校学生和老师的，同时也掺有一些上海老画家的作品。到美国纽约的展览基本上全是我院教师的作品，我所创作的油画《闹元宵》也参与其中。后来到日本大阪的展览亦是如此。三个展览是在一年里面就筹备完的，1986 年分赴美国、丹麦、日本三地展出。那时我国改革开放还不久，出国机会少，因而这几次的展览不仅在社会上引起了较大的反响，还让上海大学美术学院与纽约市立大学、柏林大学、大阪艺术学院等国外名牌艺术学院建立了友好的交流关系，这些都为之后培养美术人才带来了巨大的好处。而且，我们也希望通过这几次展览能扩大美术学院的影响和扩大自主招生。

这个项目举办以后，在 1990 年和 1993 年，上海大学和《解放日报》联合举办了两届民间艺术博览会。鉴于当时民间艺术还没有被社会重视，但我发现这样一个特色对我们学校的影响力扩大有所帮助，而且对补充艺术资源有着很大的吸引力。所以我专程与《解放日报》的总编丁锡满先生谈论这个项目，他对此也感到十分新奇和可行。之后我们就理所当然地办了起来。为了举办这个展览，我还特地找了我们学校的老师，在全国范围内，通过艺术界的一些关系到各个地区收集民间艺术，招聘民间艺术人员。当时正值三中全会，处于全面改革开放时期，西方文化浪潮的涌入使得我国美术学由单纯统一的模式向多元化转型，土生土长的民间艺术长期被认为是低俗的产物，排斥在大雅之外，然而有诸多的艺术家又热衷于民间艺术并在其中滋养和生长着。所以这次的民间艺术博览会在全国也是首例，把非物质文化遗产的民间艺术搬入艺术殿堂的主要初衷，也涉及到了文化艺术改革和教育改革的要求。起初，我与上海电视台谈过举办这么一个博览会，电视台也有意合作，之后《解放日报》也想参与其中。本想三家合作，但最后在集资的时候，电视台却不同意三方合作，而我又不好回绝《解放日报》。经过最后的协商，我们还是决定由美院与《解放日报》合办。筹备工作由学院里的赵秀鸿、李晓峰、许承兴等老师兵分三路，分别向全国各地收集各种材质的作品，并邀请民间艺人和单位来沪参展，经济上对来自贫困地区的给予补偿。

经过半年时间的招兵买马，我们的民间艺术博览会圆满地召开了。实质上 1990 年的民间艺术博览会，参展范围只是以民间工艺造型和绘画为主。除了台湾，全国各地的民间艺术都被我们筹集到了这个博览会上，有最原始的、有现代的、有精致的、有粗犷的，连同河南当时开发的钧瓷、小泥人和云南原始部落的图腾都在其中，五

1984 年，在安徽芜湖

1983 年，安徽师范大学美院青年教师合影，左二为张自申

1983 年，在安徽九华山与仁德大和尚会晤

1986年，与柏林艺术大学签订两校校际交流大会上讲话，左一为张自申

1989年，张自申（左四）在上海大学美术学院参观两校学生座谈交流会，
左一为上海大学副校长林炯如，
左二为日本大阪艺术大学教务长滕井勇，
左三为大阪艺术大学理事长，
左四为张自申

花八门，数不胜数。开展后，每天前来参观的人数约有一至两万人，美术馆内到处都被观众围得水泄不通，连楼梯都挤不动。我们怎么也没有料到能够引起这么巨大的轰动，于是趁热打铁，在之后又举办了一届。这两届之后，《解放日报》为了展品收益问题与我们起了一些纷争，而我们主要为了教学，于是之后的展览就没有意义再延续下去了。为了留念，我们学校还专门设有一个民间艺术馆，不过现在迁到顾村去了。

总的来说，这五次大型的展览都为我们学校带来了一定的声望，不仅在《解放日报》上刊登过，就连国外那三所姊妹学校的学报也报道过。影响扩散开了之后，我就将自己的重心转移到了学分制上。当时，全国教育对于学分制的研讨和研究十分热烈，上海大学的学分制建设则位于全国的前列。当时我的设想是要做一个多学科的、多边缘的、综合型的，能够有自由选择空间的一个学分制。但是我们现有这个学分制有一个什么问题呢？ 它是 80% 左右主修一个专业，其他都是选修。我觉得这个很不合理，所以当时我主张搞一个彻底的学分制：学生根据自己的特点和想法，与导师配合，能够有一个自由选择的余地，可以是 100% 的油画，也可以是 50% 的油画、30% 是雕塑、20% 的其他科目，这样自由组合出来的就是一个综合性人才。实际上德国的汉堡艺术学院美术系的学分制和我这个想法还是有所出入的，所以我想打破所有界限，定一个总的学分，修满即可。除了艺术史论学外，政治文化课没有关系，艺术类打乱。但是这样的做法就势必要成立很多工作室，工作室就牵扯到了硬件的条件。当时我们学校比较小，在凯旋路上。可我觉得这个还都不是主要的问题，因为很多工作室是可以互相套用的。最主要的问题是整个教学管理的体制完全是新的概念，不是像现在我们传统的教务管理，所以一定要有个很强的教学管理小组，由教学管理人员和业务教师一同来研究管理出新的体系化措施，才能出多方面的人才。要精的特别精，要边缘的东西也可以由新学科产生，既保留最狭窄的，也可以累计广泛的，既可以无限地缩小，也可以进行扩大，这才完全是一个转型的关系。

后来学分制推动了，当然阻力相对比较大。一个是硬件条件不太成熟，还有一个就是教室的问题，学生自由的选择往往给教师带来很大的困扰，有好多学生集中到一个教室去，有些老师最后就免不了会被淘汰，所以当时教师大都不同意这个方案。于是我提倡要有新的教育管理体制，这么一个管理体制可以适用在教师学生教室的选择上的协调工作。之后就是因为没有这样一个调配的机构，所以彻底学分制也被搁浅了。不久，全国高等美术学院在上海开会，我们的方案在那里透露了一下，大家听了都很兴奋，也都到我们学校来参观了，可结果还是推不动。尽管学生都是全力拥护这个自由的学分制，但是至今都没有院系做。心灰意冷的我曾想过自己成立一个新的美术学院，也去和徐悲鸿夫人廖静文谈过这个事，对此她也很支持。之后我们也创立了一个筹备组，但是因为投资商没有解决，最后就不了了之了。尽管当时连国家教委也大力支持，但这只是一个理想，不过我想想若干年以后会有的。

学院初创的时候，内部矛盾很大。美术学院的前身原是上海美术专科学校，并入上海大学建立美术学院后，原来上海美专的教师与之后调进来的教师分成了两派。不过待我调到上海大学美术学院来之后，我感觉两派还算和谐。当时孟光老师在学校里教素描，在学校里也算是一个挺有影响力的人。后来我去拜访孟光的时候，他亲自跟我讲："张老师，你和李天祥没来以前，我们都反对的，但是你们来了以后，我们都支持，因为你们是搞教学的。"本以为他们的关系已经得到了缓解，就没好好谈下去，没想到之后这个矛盾越来越深。当时美校的好多人来信，写了很多情况给当时筹备组组长李槐之，但他也并未说什么，之后这个就结了怨。等我来了以后，筹备着要安排干部的时候，除了设计系的吴丹玲，其他系都没有来。当时我还提出了一些意见，提拔像杨艾强等几人当副职，他们都不同意。为此我也感到很烦恼，期间也做了不少的调解工作，但是效果甚微。

后来学校方向转变了，经费也开始变得异常紧张，于是这段时间我又将重心放在了创收上。刚开始，我和外经委的李恒伟共同谈判了一个陶片厂 。 谈判的过程十分艰难，于是我特地调了郭力协助我。后来我又找了专门搞陶瓷的李游宇，让他参与合作。合作之时，我让在美国讲学的韩和平去帮忙看看门市部的市场价格。出乎我意料的是，一个陶片做的耳环竟可以卖到十几美元一对，而成本就只有人民币几分钱。这之间的利润真是不可估量啊。瞅准了商机后，我就开始和他们正式谈判。谈判的时候，因为我知道他们的底细，所以底气很足，就算是最小的一颗小钮扣，也能拿到一毛六分钱美元，至于大的则能谈到一块多美元，有十几倍的利润。那样的话，我想肯定能赚钱。再三确认技术没有问题后，双方经过艰苦谈判敲定合同，但校内仍有很多争议，基本都是围绕价格问题，反对者认为对外商让步太多了。为了验证我的计划不赔本，我又带了几个人专程去了一次上海工艺品进出口公司进行咨询，他们说：" 这个很正常，我们外贸都是这样的。一个东西出去以后，要经过好多好多关口，加税，到经销商，批发到零售，还要赚一部分钱，这个已经很好了。"经过几番周折后，方案才最终定了下来，我也算是松了口气。

陶片厂的收益为学校创收了一百多万元。当时我的设想是用这一百多万元在高教局给的一亩地上盖一栋楼房，以解决教职工宿舍问题。不过之后受到一些外界因素的影响，单位把土地让了从而分了几套房子，而那一百多万元到现在也完全贬值了。

原本的设想成了泡影，我们的陶片厂也和美方代表搞僵了。

1992 年开始，我主持上海大学美术学院工作，直至 1995 年年底才退休。从安徽师范学院美术系美术教研室主任一职调入上海大学担任美术学院副院长，并在退休前三年内荣升为教授并主持美院工作，实属一件幸事。在这个拨乱反正的年代里，能被上海大学破格提拔并委以重任，我自觉惭愧。尽管在上海大学美术学院工作了十多年，但是我却留下了种种遗憾，至今都无法忘怀。张坚同志来了之后，内部矛盾开始有了些缓和，但是好多事情都没有办法推动，土地就是遗憾之一。

1991 年，聘任丁绍光为我院教授，左起任意、孟宪勤、张自申、丁绍光、林炯如

小小的校园根本无法满足教学的需求，但是想要扩张却一直无门可循。上大美院成立时，高教局拨款 300 万元对凯旋路的校区进行扩张。欣喜若狂的我立马就开始操办了起来。很幸运的是，城市规划设计院的院长和我交情挺好，因为他亲家曾是安徽美术系的同事，所以我找他要地皮的时候，他给了我两次机会。结果很可惜的是，这两次机会上海大学都没能把握住。一次是那个和我们对调的园林学校，大概有 30 亩地。建筑面积相当，环境也很优美，唯一的条件就是要给他们盖一栋房子以解决职工住房问题，可能会花费近 100 万元左右。但是余下的 200 万元和原本 9000 平米的面积足够使我们在这块优美的地皮上扩张新的校区，但上海大学却动用了我院的经费将钱花到上海大学的工学院上，目的则是为了能与上海工业大学和同济大学并列。另一次机会则是在延安西路里面那段虹梅路和虹许路之间，现在被称为老外一条街。这块地方本来是准备划给我们美院和外院的，信息汇报之后，我兴奋极了，那也是一块极佳的地方啊。之后规划局设计院总工程师王富湘过来说："我先批给你们 60 亩地。你们一家 30 亩地，先用起来，我后面的规划，都给你们留着。"作为这个虹桥开发区的总负责人，王富湘向来说一不二，所以他说不能给多，只能之后再稳步进行，一步一步来，像盖房子一般，不够再批，自然能够成功。几天后，倪副市长带领了规划局局长、设计院总工程师来与上海大学领导谈判，我没有参加，结果提及需要的地皮亩数时，领导一下子就要 160 亩，足足比之前增加了 100 亩。市长听后，说要回去研究一下，结果一到那个规划局就称这块土地被冻结了，任何学校都不允许进去。就这样，又失去了一个良机。对于这两次机会的错失，都让我可惜又可叹。

遗憾之二则是这十多年的付出，不仅没有办成一件大事，自己所钟爱的画画也被搁置了。学院繁忙琐碎的公事压得我连喘息的机会都没有，我几乎将自己所有的时间和精力都投掷到了其中。对于一个画家而言，不能执笔画画无疑是最痛苦的事。期间能够聊以自慰的画作只有这两幅参加过全国性画展的《清风》和《皖南事变》了。不过在艺术创作停滞的若干年内，我能为上海大学美术学院的成长尽到一些绵薄之

1991年在日本东京，中日友好协会举办第二届《上海大学美术学院藏画展》，与天河先生会影。右三为天河，右四为张自申

在东京艺术大学与饭冢八郎和我院在日留学生共聚，左一为饭冢八郎，右三为张自申

日本艺术大学与饭冢八郎工作室交流合影，右二为张自申

力，我也算有所安慰了吧。

遗憾之三是不善处理人际关系，这也为我带来了很多困扰。一次我在国外交流期间，有党委干部在会上指责我搞两个中心。回国之后，还是根据一位可靠的同事透露并提醒我以后适当注意，我才得知此事。为此，我感到十分的恼火，仁者见仁，智者见智，意见不同很能理解，但是很难理解的是为何不能与我当面沟通而是选择背后指责？于是我就找书记理论，但是他一口否认，以我多疑为借口来推脱我。我很清楚书记也是言不由衷，但我又能怎么办？ 之后我反思自己，可能是我做了一些越俎代庖的事而引发的不快。后来上级领导得知了此事，并进行了调查，还做了人事调动来肯定我的工作。但是我却还是无法高兴起来，因为这种感觉就像回到了那段冤屈的“文革”之时一样，看来我铁定不是当官的料。

1995 年底 1996 年初，63 岁的我正式获准退休了，肩上的重担也随之轻了下来。自从安徽师范学院调到上海大学美术学院后，我就一直被公事私事缠身，而且鉴于学校有定额限制的教学编制，我之后也没到系里上过课。所以退休之后我到成教里去上课了，因为我喜欢跟学生一起画。那个时候几个班都不错，很多学生都爱往我那跑。所以我一直认为，一个教师除了教学思想之外，他本身的技能、关心学生的成长也起了很重要的作用，如果你拿不出几手真本事的话，学生肯定也不愿跟你。

退休不仅为我带来了充裕的时间，也为我的创作带来了一定的空间。我终于可以像年轻的时候一样外出写生画画了。退休的那一年，我就与几位志同道合的人结伴去西藏写生。选择西藏是因为它是一个美丽而神秘的地方，那里不仅有着许多奇珍异宝和民间失传的工艺，还有着繁多的寺庙和虔诚的教徒。尽管我是一名无神论者，但是我对宗教徒却有着浓厚的兴趣。这番兴趣来源于几年前的一次九华山之行。在那片佛教圣地上，我接触到了不少佛教徒。其中一位女孩的行为尤为使我震撼，她在整个上山的过程中，逢庙必拜。一丝不苟的神情让我不禁问道何以如此虔诚。女孩回答说：“我是佛教徒，不会要求别人怎么样，我只想自觉管好自己。 大家都这样，国家也就好了。”听了这话后，也越发激荡出我想深入接触教徒的心，因为在这个物欲横流的世界，有信仰、有追求是十分重要的，信仰能给予人目标和为之奋斗的动力。所以我一直向往着来西藏，向往着来这里一睹善良而虔诚的喇嘛教徒。不过这个愿望迟迟被我搁置，到了如今才有空闲实现它。

到了西藏，我呼吸着稀薄而纯净的空气，看着藏民朴实的笑脸，我的心一下子就被释放了。在这危耸的雪峰和辽阔的草原上，异地的风情激发出了我积淀已久的绘画热情。之后我几度深入寺庙，壮观的布达拉宫和神圣的扎什伦布寺，还有安放着历代达赖和班禅的纯金灵塔，这都为我之后的《南无系列》的创作提供了多重的

1996 年，全国十大美院会议，左一为张自申

1996 年，全国十大美院会议院长合影，二排左四为张自申

素材。此次西藏之行使我一直困顿忧虑的心找到了出口，我也希望自己的作品能够给现在这个拜金的时代留点启示。

在迎接建国50周年的日子里，我用心创作了一组明信片系列的油画：旧中国底层妇女迷茫的眼神、板车工人苦力弯曲的背影、“红头阿三”严肃的表情。这些油画的创作源泉都来自我内心最深处的记忆。犹记得当时上小学的我路过一个日本兵营，旁边的几棵桑树吸引了我的注意。因为那时我正养着蚕宝宝，抵不住诱惑的我最终还是爬上了这棵树。不料却被一名日本兵逮个正着，他罚我站在沙包上，许久之后才放我离开。匆匆赶去上学的我还是不免遭到老师的批评，由此我也更加痛恨日本兵了。他们不仅侵略我们的国土，还如此肆意妄为，于是我就萌生了一个复仇的念头。兵营旁的劳勃生路（今上海市长寿路）上住着一些日本小孩，几乎每段路上都有印度警察（上海人当时称为“红头阿三”）的保护。在我和一名同学的精心观察后，我们趁“红头阿三”的不备，狠狠地揍了一个日本小孩以解心头之恨。小时候的回忆仍旧对我现在有着深刻的影响，我想用这小小的明信片浓缩出当时旧社会生活的疾苦，从而告诫现在的国人：就算现在有了美好的生活，我们也不能忘却当时半封建地半殖民地的耻辱和那些之前生活在水深火热之中的人民。

之后的几年，我又先后去了云南、浙江、江苏、皖南山区甚至是非洲的埃及，在这一路上，我不停地行走、不停地创作，迷人的山光水色、可爱的人物形象都成了我最珍贵的回忆。笔随心走，心随笔画，在画画的过程中，我一直都在寻找着人生的意义和那些生活中来之不易的感动。

2005年3月，被誉为“明星矿”的黑龙江一家大煤矿发生重大矿难，此事震惊了中国。同年的10月，全国矿难接二连三，悲剧不断。之前有过数次下矿写生经验的我感到痛心疾首，那些矿工们纯朴的笑容和无私的精神曾经那么深深地震撼我，现在发生这么多起矿难，不免让我心酸，为何矿工鲜活的生命会被一些无良矿主视如草芥？为何没有人去关注矿工安全问题？作为一位现实主义画家，我决定不再沉默，拖着骨折的手即刻踏上了去北方某个大煤矿的路。好在这家煤矿设施比较齐全，领导也比较重视安全问题，所以多年未曾发生过矿难。于是我就在该煤矿区安顿了下来准备写生，矿区的领导非常支持我的创作，提供了一切方便的条件，使我写生创作的过程非常顺利。

下矿前，我曾阅读过一些矿难的资料，脑海中也浮现过关于遇难者、抢救者、家属、领导、不法私营的矿主等一些悲剧性的场景，但是最后我的脑海却被一个个从矿井口上来的矿工所占据了：他们沾满黑煤的脸庞，陈旧的帽盔，满身煤灰的工作服，脖子上挂着已染成黑褐色的毛巾，颈上或头上戴着已经关闭的矿灯，俨然如

1996年5月，闫立鹏、张月霞夫妇在上海，左二为张自申

同一座座高大的黑色雕像。那个时候，我想到了罗丹辉煌的英雄纪念碑组雕《迦莱义民》，紧接着我的脑中开始快速描绘起了矿工群像：七个矿工和八盏矿灯赫然闪现了出来。抑制不住兴奋的我赶忙提起了画笔，将自己的构想展现在了画布上。从构思小稿到完成画作历时长达半年之久，而我在每画一个矿工时，内心就充满着从未有过的激动与亢奋。我将自己对矿工们最真挚的热情通过画笔传达在了自己画作上，之所以隐去画矿难的构想，是因为我认为最强大的心灵震撼并非来自于这些遇难的场面，反而那种“此时无声胜有声”的艺术场景才能激发出最荡气回肠的感染力。

在我画面的最左边，一名矿工勾着另一名，在旁边则有着两名坐在煤车上的矿工，中间的这位矿工为此画的主角，他是带领采煤小组的组长，手中还抱着一个主人已去却仍发亮的矿帽，神情严肃悲壮，既为失去工友哀痛，又在思索事故产生原因。后面一位矿工紧跟在组长后面，而最右边的那名则是里面最年轻的一位矿工，他略带稚气的脸庞上，露出一股不知所措的恐慌、直木的眼神。他们脸上粘满了厚厚的黑煤，只露出一双双闪闪发光的眼睛和洁白的牙齿，黑暗中唯有一盏带来光明的矿灯耀眼照人。我将自己的情感完全掺进了画面之中，最后的完工之际，我在画的前言上郑重地写下了一行字：“献给读者和中国矿工及矿难中死去的弟兄们！”是想借此来抒发他们所带给我的感动并且传递给读者这份无私和无畏的精神。

2006 年春节后，为了《第八盏灯》的创作需要，我再度来到了矿区，恰好在井口旁遇到马上要换班下井的一群矿工。他们正依靠在墙上享受着冬日的暖阳，怡然自得的神态与在黑暗矿井下危险艰辛的劳作形成了鲜明的对比，也给我带来了一股新的创作源泉。于是我就趁热打铁，又创作了这幅《享受阳光》。

2006 年 7 月 1 日，上海刘海粟美术馆举办了“第八盏灯——矿工系列油画展”。期间展出的作品分别为《第八盏灯》、《享受阳光》以及四十余幅有关矿工生活系列的写生作品。同年，该展览又在北京中国美术馆展出。展出期间中国美术家协会、中国美术馆、《美术》杂志社、中国油画学会的领导与我尊敬的前辈、老师、同学和中国油画界知名的画家几乎都出席了开幕式和座谈会。整个展览举办得非常成功，这些作品打动了很多参观者，他们众多的留言给了我很大的鼓舞。展览结束后，《第八盏灯》等 15 幅作品被中国美术馆收藏。全国各界的认可也让我倍感欣慰和荣耀。

这些年来我几度深入矿区，矿工和矿工们成了我艺术生涯中最主要的创作源泉，在那里的生活让我抛开了世俗名利。这几次的矿区写生不仅让我走出了自我的天地，也开始使我更加关注社会底层人民的疾苦。虽然 2006 年 5 月有媒体报道，全国已有 6 万处煤矿被整顿关闭，但是小煤矿仍是矿难的主源。所以我认为作为一名画家，我更加有责任去创作和表现这一社会底层悲情的作品，只有这样才能使更多的人能

2006年，创作《享受阳光》过程中

2006年，《享受阳光》制作过程

2005年，在淮南煤矿为矿工写生

左一为上海文广局书记，左二为张自申，右为上海文联主席吴贻弓

关注矿工并作出实实在在的努力去彻底改变这种漠视生命的状况。

75 岁那年，我深入到了农村，与农民们一起吃住，度过了一个春夏秋冬。多年的绘画经历让我深刻地明白只有了解了他们的喜怒哀乐与酸甜苦辣，才能与他们有感情的交流，也才能创作出真正有血有肉有时代质感的作品，正如托尔斯泰所说：“艺术不是技艺，它是艺术家体验了的感情传达。”

我对自己晚年生活的安排除了画画创作就是力争对故乡作些贡献。我刚退休下来后就搬回了故乡。尽自己所能地去辅导故乡的青年美术工作者，协助他们创办了民间画院和美术馆，以此来丰富了乡亲们的文化生活。对于故乡的回忆虽然有些模糊，但是那片故土所留给我的感情却依旧炽烈，我很庆幸自己还能在晚年时期为故乡出上自己的一份力。

如今的我已步入杖朝之年，但对画画的热情却未减一分。回想从 1956 年进中央美术学院，到现在已经过去整整 50 余年了。这 50 年来，我坚持走现实主义创作的道路，深信现实主义的力量。我一直都秉持着自己的良心画画，也认为只有作为一个人之后才是画家的责任。在我的一生中，与其说生命是自己的，还不如说我的生命是属于艺术的。我行走在这条艺术的道路上，尽我所能地去传播一些好的精神，也算是我对这个社会能做出的一些贡献了。“位卑未敢忘国忧”，生命不息，画画不止。

2014 年，在故乡青浦工作室中

第二章　艺术评论

不能忘却的《第八盏灯》

朱艳琪

《第八盏灯》 油画 180cm×550cm 2006 年

“矿工像一群黑色雕塑”

“黝黑的脸膛沾满厚厚的黑煤，陈旧的黑色帽盔，满身煤灰的破烂工作服，脖子上挂着染成黑褐色的毛巾，颈上挂着或头上戴着一盏已经关闭的矿灯…… 他们走出矿井时就像一群高大的黑色雕塑，这个印象太深刻了！”张自申年过七旬还深入煤矿体验生活、进行创作，感悟矿工生活的艰辛和命运的多舛。另一位画家徐唯辛（现为中国人民大学徐悲鸿艺术学院教授、副院长，代表作有《当代众生相——工农兵》系列、《2005 中国煤矿纪实——矿工肖像系列》等）也创作了大量表现矿工、建筑工、农民工劳动生活的油画。在两人的笔下，一幅幅矿工生活工作的景象栩栩如生，赫然笔下，警示人们对这一群体应予更多关注。

撼人心魄的《第八盏灯》

张自申的展览作品之一《第八盏灯》长 5.5 米、高 1.8 米，描绘了矿难后煤矿工人走出矿井的悲壮情景。这幅作品从构思小稿到完成画作历时半年之久。

画中有 7 个矿工，居中的主角身材高大，雕塑般地站立着，眼神悲愤交集，手中抱着死难工友的矿帽，帽上的灯还亮着。他的两侧是刚逃过一劫的工友，他们神态各异，脸上的表情或悲痛、或无奈、或沉默、或惊恐，有茫然无措但也有坚定，更有希望。深沉的色调、凝重的气息让观者无不动容。

这幅作品的完成其实了却了张老30年的一个夙愿。早在30年前，张自申就曾多次带学生下矿区体验生活写生，还创作了一幅作品《争分夺秒》表达对矿工的深厚感情。近些年来，接二连三的矿难让他感到“撕心裂肺般的痛”，2005年张自申再次回到他所熟悉的安徽矿区，以73岁高龄创作出震撼人心的《第八盏灯》矿工系列油画作品，并藉此鞭笞矿难产生的深层社会根源，唤起人们对普通劳动者命运的关注。作品在上海、北京展出后，获得极大的反响。

“安徽是我的第二故乡”

1961年—1984年是张自申在安徽的23年。其间，他的足迹遍布江淮，对皖山皖水也充满了无限的感情，他曾经动情地说：“我在安徽工作23年，安徽是我的第二故乡，黄山和皖南始终是我绘画的源泉。”除了深入北方的矿区体验生活，他还创作了一系列以黄山景色和皖南的风土人情为主题的绘画作品。

张自申在安徽师范学院、安徽师范大学任教期间，为安徽美术事业和艺术教育作出过出色的贡献，培育了众多艺术人才。他还创作了《强渡天堑》、《皖南事变》等一系列影响巨大的艺术作品，是中国美术家协会的会员、中国油画学会理事，还曾担任上海大学美术学院的院长。

此文原载于《新安晚报》，2007年6月8日。

“不一样的面孔”展现写实功底

徐佳和

人人都有一张面孔，当相类似的群体聚集在一起，面孔便会有相似的观感，但今天在上海原曲画廊开幕的“不一样的面孔Ⅱ——人物肖像油画联展”诠释了“不一样的面孔”的含义，参展的10位艺术家的肖像作品试图告诉我们，这些绘画并不仅仅再现一个场景或者真实事件，而是呈现出一种“异域感”。

张自申、方世聪、夏葆元、徐芒耀、陈逸鸣、黄阿忠、姜建忠、肖谷、殷雄、何振浩这10位肖像画家参加此次展览。这些上海本埠画家中，大部分人的年龄在60岁左右，他们以这样的年龄感受了新中国美术发展的全过程。这批上海画家，身上都带有上海大都市面对时代和文化演进时所怀有的理性精神，这与他们的写实画风如出一辙。

画家张自申是吴作人的学生，风格由苏派而来。三十多年来，张自申多次进入矿区，亲身感受矿工生活，为中国的底层人群画出群像；方世聪是上海美专20世纪60年代时期的传人，他进入官方体制从事重大题材创作，又步出官方体制，带着使命感去留洋，苏派的写实功底在他身上发酵；夏葆元也是上海美专60年代的门生，也在体制内获得重大题材创作的机会，80年代出国，回来后用不断的写生寻找当初非凡的写实主义艺术逻辑；姜建忠由人物场景画而入历史画，再到文学人物画，有艺术家中不多见的叠叠读书笔记，他的笔意中都是长期阅读思考的自然形成。

《女子肖像》 油画 90cm×65cm 2012年

他们所描绘的人物都有着一种“异域感”。在这些呈现出来的“面孔”之外，存在着未呈现出来的、不一样的“面孔”。在中国当代艺术的潮涌中，写实主义屡遭质疑，但这几位画家都在写实的道路上经营多时，并不追求新奇、夺目的表面，只有在自己所画题材与生活内容完全融合后，在内心感受足够强烈后，才稳妥推进。这种条件下呈现出的，当然是完全不一样的面孔。此次展览将持续到2012年5月24日。

此文原载于《东方早报》，2012年4月22日。

关注煤矿工人生存现状
——记批判现实主义画家张自申

胡喜盈　唐伟

《第八盏灯》（局部）　油画　180cm×550cm 2006年

上海大学美术学院原副院长张自申，早在20世纪七八十年代就多次下煤矿体验生活。2005年以来，中国一系列矿难及矿工的生存状态成为全社会关注的焦点，74岁的张自申又先后3次去煤矿体验生活，历经数月完成长5.5米、高1.8米巨幅矿难中的矿工群像《第八盏灯》。

“张自申——《第八盏灯》矿工系列油画作品展”于2006年7月1日—8日在上海刘海粟美术馆展出，并将于7月28日—8月8日在北京中国美术馆巡展，同时展出张自申走进矿区后所画的一系列矿工肖像和速写。7月28日，“中国美术界关注社会生活批判现实主义”研讨会将同时在中国美术馆举行。“张自申——《第八盏灯》矿工系列油画作品展”在海内外引起强烈震动。

再现悲壮一幕

走入展览大厅，一眼就看到了长5.5米、高1.8米的《第八盏灯》，极具冲击力和视觉效果，震撼了观众的心。作品描绘了矿难后煤矿工人走出矿井的悲壮情景。画中有7个矿工，居中的主角身材高大，雕塑般地站立着，眼神悲愤交集，手中抱着死难工友的矿帽，帽上的灯还亮着…… 他的两侧是同样逃过一劫的工友，他们神态各异，最年轻的小伙子脸上还带着稚气，此时显得失魂落魄；有个矿工手揽工友的肩膀，不知是安慰对方还是支撑自己疲惫的身心，所有矿工脸上都是悲伤迷茫、惊魂未定的神情。

黑色的煤层、黑色的脸庞、黑色的脖子、黑色的工作服、黑色的矿工帽…… 坚毅、惊恐、无奈、茫然…… 七名矿工，一盏、二盏、三盏、四盏…… 七盏矿灯，没有一丝光亮。然而，第八盏矿灯，亮得耀眼。没有惨烈的场面，却告诉人们，第八盏矿灯的主人已经遇难。

《第八盏灯》艺术地展现了“矿难”场景，在让人震撼的同时，又给人许多思考。这一盏闪着光亮的矿灯，表明着：遇难的矿友，活在矿工们的心里；它还昭示着：矿工们那种坚毅、耐劳、奉献的精神，永不熄灭。

展览中还有一幅同样大小的作品《享受阳光》，画的是一群矿工下矿井前偎在墙角晒太阳。那是与《第八盏灯》截然相反的情景，温馨、祥和、欢愉。张自申说：“我这是要呼吁生命的可爱、可贵。要珍惜生命，尊重生命！”

《美术》杂志总编王仲以“艺术良心在胸膛中跳动”为题给画展写了前言：“用艺术创作回应人类命运的苦难和解脱，唤起人们对假恶丑的憎恨和对真善美的信心，借以推动社会意识不断进步，这正是我们这些具有人道主义良知的艺术家的本能和天职。”

张自申站在他刚刚完成的作品前，思绪仿佛又回到了在井下体验生活的日子：“画每一个人，我的心潮都久久不能平静。因而在画展的前言上写道‘献给读者和中国矿工及矿难中死去的弟兄们！’”

有良心的艺术家不能再沉默

面对矿难和某些私营煤矿背后的黑幕以及更深层的社会原因，有良心、有社会责任感的艺术家能做什么呢？我们艺术家不能沉默。

早在30年前，张自申就曾多次带学生下矿区体验生活写生，并创作了一幅有影响的作品——《争分夺秒》，表达了对矿工的深厚感情。

2005年，全国矿难接二连三地发生，悲剧不断上演。张自申再也坐不住了，他不顾骨折尚未痊愈，手伤犹痛，决定到北方某煤矿写生，创作大型矿难主题油画。回想当年下矿写生、体验生活时，曾深深被矿工们的艰苦劳动和无私奉献而感动。现在他们怎么样了？想即刻到矿区去画他们，去表现他们——这些从事最危险工作的矿工们。

刚开始时，煤矿方面热情地接待了他，后来得知他要创作矿难作品，不禁吓了一跳，连连要求他千万不要将这里的煤矿画进去。

下矿前，阅读过一些矿难的资料，脑海中浮现的画面：有遇难者、有抢救者、有家属、有领导、有不法私营的矿主等，人际间的矛盾、冲突，组织了一个壮丽的悲剧性场面。

张自申说：“当我在煤矿的矿井口迎接一个个从地下煤井上来的矿工们时，我的心跳陡然加快了，黝黑的脸膛粘满厚厚的黑煤、陈旧黑色的帽盔、满身煤灰破烂的工作服、脖子上挂着染成了黑褐色的毛巾、颈上挂着或头上带着一盏已经关闭的矿灯。他们走出矿井时就像一群高大的黑色雕塑，令我立刻想到了罗丹辉煌的英雄纪念碑组雕《迦莱义民》。这个印象太深刻了，于是，构思转化成矿工群像，构思出七个矿工和八盏矿灯，隐去了直接画矿难的构想……《第八盏灯》从构思小稿到完成画作历时半年之久，我体会到从未有过的亢奋、激动，画每一个人的时候，我的心潮都久久不能平静。画中有两位人物的姿势怎么摆也不合适，2006年春节后，我再度到煤矿去写生。偶然在井口旁遇到马上要换班下井的一群矿工，他们靠在墙上正享受着冬日的阳光，他们那怡然的神态，与在黑暗的井下危险艰辛的劳动形成鲜明对比，于是就有了那幅《享受阳光》。”

《第八盏灯》（局部）　油画　180cm×550cm　2006 年

张自申说，他还要深入一些小煤矿采风写生，继续画出一系列矿难题材作品。有条件的话，争取到各个矿区巡展。

此文原载于《美术报》，2006 年 7 月 25 日。

对中国普遍劳动者命运的深切关注

李人毅

“张自申——《第八盏灯》矿工系列油画展”暨研讨会在北京举办，由中国美术馆主办，上海顶点文化艺术有限公司协办的“张自申——《第八盏灯》矿工系列油画作品展”2006年7月28日上午在中国美术馆隆重开幕。中国美术家协会主席靳尚谊、中国油画学会主席詹建俊、中国美术馆馆长范迪安、《美术》杂志主编王仲等嘉宾及美术界专家学者、媒体记者二百余人出席开幕仪式。在开幕式上詹建俊先生发表了热情洋溢的讲话，对张自申在73岁高龄仍然深入生活仅不到一年就创作出五十多幅表现矿难和矿工生活的油画作品给予高度评价。上午11点，由《美术》杂志社主办的“张自申——《第八盏灯》矿工系列油画作品展”学术研讨会在中国美术馆7楼学术报告厅举行。学术研讨会由王仲主持。靳尚谊、陈漱渝、汪晖、崔之元、张祖英、薛永年、刘曦林、王镛、吴云华、梁江、王宏建、安远远、李人毅、徐萍、陈履生、袁运生、高泉、刘秉江、曹达立、王璐、李秀实、方世聪等出席。与会专家在严厉抨击因官商勾结造成矿难频发的丑恶社会现象的同时，也高度赞扬了老艺术家强烈的社会责任感，积极深入生活的创作态度。大家还注意到，继2003年11月广东青年油画家冯少协的新批判现实主义的绘画的横空出世，在中国美术界引起强烈反响，产生了强烈的共鸣。此次画展冠以新批判现实主义，表达了作者对当代中国社会问题的思考。下面是研讨会的纪要。

王仲（中国美协《美术》杂志主编）

刚才张自申先生关于矿工题材的专题画展开幕了，我相信大家看了以后都会有很新鲜的感受，正如詹建俊先生在开幕式的致辞时所动情讲的“没有想到！”，我想这从某种意义上也代表了当代许多油画家共同的感受，确实，我们当代中国油画离此类题材恐怕是疏离太久了。张自申先生的这批关于矿工题材的作品，表达了他真诚地对当代中国普通劳动者命运的深切关注，体现了一个中国知识分子应有的社会责任感，体现了一个中国知识分子应有的道义良知。因此，我相信张自申先生这个画展在中国美术馆的展出，一定会受到广大观众的欢迎，同时，我相信张自申先生的这些创作对我们美术界，尤其是油画界，一定也会有诸多的启示。

我们在开幕式后举行这个座谈会，我想大家有很多话要说，开场白我就不多说了，请大家发言。

张自申应该按照自己的意愿放手去画

靳尚谊（中国美术家协会主席）

在新的形势下如何反映当前的矿工生活，张自申同志确实是下了一番功夫，可现实中有很多矛盾。我听说，他画《第八盏灯》，有人说太低沉了，他就又画了在阳光下，这就是矛盾，所以还应该从艺术家的良心出发，你怎么看你就怎么表现，不要太受这样一些观念的束缚。因为这是事实，现在问题很多嘛，有些地方政府还掩盖，不关注，为什么不能表现呢？张自申应该按自己的意愿放手去画，这是我谈的第一点。

第二点，他很多是到下面写生的作品，很生动，而且是通过大量的写生。写生很重要，画城市生活现在很多人大部分是靠照片，靠照片是不可能有好结果的。你有写生严格基础再依靠照片，包括色彩照片，都不行。写生和参考照片，画一看就看得出来。照片再好，它比对象简单多了，直接观察要丰富得多，生动有力量，所以张自申能够深入到基层，大量写生，观察研究人物，从这里提炼出来的作品肯定是生动的。这一点也是对当前美术界很重要的启示。

为在我们油画队伍中有这样的艺术家而感到自豪

詹建俊（中国油画家协会主席）

我看今天在座的各位都是我们的老朋友、老同学、老同事，今天“张自申——《第八盏灯》矿工系列油画作品展》展出，是我完全没有想到的。张自申样子长得很年轻，他仅仅比我小 2 岁，已经 73 岁了，作为 73 岁这样一个油画家，今天他以“第八盏灯”为命题的，仅仅用了半年多的时间，创作出以矿难为背景的，专门表现矿工生活的画展，这是我没有想到的。

我知道他 30 年前不止一次的去过煤矿体验生活，交过矿工朋友，画过反映矿工的作品，但从那以后，就再也没画矿工了。各种其他社会题材如风景、肖像等成为他的创作生活，吸引他的创作激情。

是由于这几年不断发生的矿难，再次触动了他对矿工的感情，矿难悲剧使他感受到撕心裂肺的痛，他谴责自己把画矿工的夙愿为什么搁置这么多年，于是他以无法克制的强烈的创作欲望，再次奔向矿区，他不顾自己当时手臂骨折的伤痛，怀着从来没有过的亢奋和激动，出示了在这里展出的，以两幅大画为中心的这一批表现矿工生活的创作。

他把这些作品献给死去的矿工兄弟们!

我说这个展览出乎我的预料，首先是张自申以73岁的年龄，又用这么短的时间完成这样一批作品，而且这样大的劳动量，这样一幅巨大作品需要超强的劳动力。同时我还没想到他平静这么多年以后还能焕发出这么强烈的难以克制的创作激情，不顾一切地投入创作，这的确是我在此前没有想到的。

但是今天看到这些作品，我就感到这是我应该想到的，这完全符合作为有良心的艺术家有使命感、艺术感的作品。为此，我在这里向我的老朋友张自申致敬！ 我为在我们油画队伍中有这样的艺术家而感到骄傲!

为张自申能在今天画这样的巨作而表示出衷心的祝贺!

知识分子的良知，艺术激情的迸发

闻立鹏（中央美术学院教授）

很久没有看到这样真正激动人心、引发思考的画展了，这不是一次普通意义上的画展，这是一个知识分子画家“撕心裂肺”的激情呼唤，是作者对接二连三的矿难黑幕痛心的沉思，是无声的心灵的呐喊。

这次成功的画展，又一次证明艺术创作的规律。真正的艺术创作源于画家的激情，而这种真情的冲动又基于他的艺术良知，一个真正的人的自觉，人对于社会责任的自觉。同时，这次画展的成功，也证明了另一条艺术创作规律，这就是作为画家，他的感受、激情、良知和责任感，必须转化为艺术的语言，通过艺术的形式或理性的表述，或激情的宣泄、呼喊。

张自申这次画展特别是作品《第八盏灯》之所以能牵动观众的心、留住观众的脚步，正是由于画展总体的氛围，画面的视觉冲击，主题的含蓄和深刻而形成的综合艺术感染力。

首先，作为油画，色彩的感染先声夺人，浓重肃穆的黑色调把人引向深沉而略带神秘的境界，它与那盏尚未熄灭、闪着红光的矿灯，形成反差，加重了黑色调的感染力。紧接着进入观众视野的是巨大的篇幅和超大的七个人物形象，是无数黑色煤层形成的压抑的横线。

人体造型向上冲击的直线的对比给人一种坚毅刚硬的感受。造型的力度、厚度、笔法的流畅、大气，总体上传达出粗犷 、豪迈、质朴、浑厚的美学品格。画面的结构，充分体现了艺术形式美平面构成的原理。而生动的人物造型性格鲜明具体可信，更把观众带入生活的真实之中，引发人们对矿工、对劳动者的深切关怀。《第八盏灯》的巧妙构思和作为标题的设定，给观众留下了充分的自由想象空间，从而引发更多观众的思考与共鸣。

一次次的矿难，深深地刺痛了画家们敏感的神经，激发了、激活了众多画家的艺术良知。

这次展出是张自申积蓄已久的艺术激情的大迸发，也是他辛勤劳作 50 年艺术能量积累的总喷发。

我敬佩老友张自申日益真切、不断深化的人文关怀，我衷心祝贺这次展出的成功!

用笔画出艺术家的责任、艺术家的良知

张祖英（中国油画学会副主席、秘书长）

张自申先生的这个展览我看了以后非常感动，确确实实给我们很大的启发。他主要还是用笔画出艺术家的责任、艺术家的良知。再进一步说，艺术家什么责任?艺术家什么良知? 所以我觉得他确实有一个社会的思考，是站在国家民族的立场上来反映社会问题? 还是作为一个旁观者，站在一旁，冷言观察和思考? 我觉得这确实是有一个立场的问题。

最近几年对于社会生活的关注和反映逐渐比较多了，像忻东旺，他反映民工潮，反映农民的问题。他不是属于简单的表现民工怎么样，而是抓住了一个农民进城面临的许许多多社会问题，他回到自己的老家几十次，最后才产生一批批很好的画。画矿工，在两个月之前，徐唯辛也展出过一批，他主要画矿工肖像。今天张自申反映的这批画，我觉得他的风格是对于矿工生命的一种关注，具有一种悲怆的感觉，悲怆但不是悲剧，不是消极，觉得他是从矿工现实生活中取得思考，最后使人感到有种积极的思考。

我们油画学会今年底有个展览,《精神与品格——中国当代写实的油画研究展》，我们过去往往对于精神、品格两方面考虑得比较少，所以我们也想要通过这样

一次活动和展览，使得油画艺术反映这样的主题并能得到大家的重视。

但愿苍生俱饱暖，不辞辛苦出山林。

薛永年（中央美术学院教授）

我看张先生画的矿工用了群像或肖像的形式，我看到很多眼睛乌金放光，有强烈的感受。我联想起了明代保卫北京有个于谦，于谦写过一首诗歌《咏煤炭》：

凿开混沌得乌金，蓄藏阳和意最深。

爝火燃回春浩浩，洪炉照破夜沉沉。

鼎彝元赖生成力，铁石犹存死后心。

但愿苍生俱饱暖，不辞辛苦出山林。

我看张自申先生画煤矿工人，他也没有去表现矿难，而着重塑造他们的群像和肖像，把他们塑造成乌金，我觉得这一点他启示我们思考些问题。他塑造这群像，也不是过于强调个性，而是强调了力量。当然有的人有点无奈，更主要是这样一种群体的力量出现。

能在当前市场经济大潮下，很多人，不管是为官的还是经商的，包括画画的，都被利益驱动着。刚才北京名记者包利民对我说："这个画哪有人去拍卖？哪有人去收藏？哪有人去看着欣赏？这个画家了不得，他有社会责任感。"就凭这点，我对张自申先生表示敬佩。

共同体现了对矿工的关怀，对人的关怀，对人性的关怀，对生命本体的关怀

刘曦林（中国美术馆研究员）

古人说："画，令人喜令人惊，都不如令人思。"所以我对令人思考的画是比较崇尚的，特别是在今天普遍讲究视觉冲击力的情况下，一个艺术作品能不能令人思考，有余味就显得特别可贵了。《第八盏灯》和《享受阳光》，我说是相辅相成的姊妹篇，这两篇共同体现了对矿工的关怀、对人的关怀、对人性的关怀、对生命本体的关怀，

所以这点是非常值得称赞的。

尼采说："悲剧的背后是崇高。"《第八盏灯》是在悲剧行为中的一幅作品，它体现人的生命价值，体现了艺术家对人的生命价值至高的一种关爱。画家无疑是感情投入和精神投入的，所以这个创作态度特别令人感动。这件作品的出现，是一个禁区的突破，这个突破我认为是现实主义精神的一种深入。

我佩服张先生有间接性表现矿难的艺术技巧。《第八盏灯》隐喻矿难，并不直接表现矿难的悲惨方面，实际上做了抑制。何止一盏灯，多盏灯都灭掉了，但他只选了一盏灯。他这种技巧性的处理方式值得继续讨论、继续研究。另外，张先生油画技巧表现的深度，对色彩的表现，对细节的表现也值得研讨，尤其我注意矿工眼睛的细节与第八盏亮着的灯的细节处理，这两个细节处理都是非常重要的。

是真善美艺术倾向的一个范例

梁江（中国艺术研究院美研所所长）

第一，这是一个令人感动的展览。在当今应当说是凤毛麟角。这样的画展体现了艺术家的良知和社会责任感，而且我觉得是真善美艺术倾向的一个范例。

第二，在作品的表达上面，把矿工这样的下层民众作为画面的主题，作为画面的正面形象来表达，而且采用了一种平视，而非俯视，也非仰视，这样的一个角度来变现素材，所以这样的作品没有粉饰现实，也没有夸大现实的阴暗面，这种本真的状态在创作上体现了现实主义的精髓。

在张自申作品当中写生、素材，还有没有完成的画幅，在这个展览中都有，我看出作品带有矿井的汗味和煤尘味！ 这是最有价值的地方，也就是在于这种人本真的状态，不加掩饰的画面中，张自申体现了自己的艺术倾向、艺术理论和实践方式，他在这中间体现出的价值甚至超过了作品的本身。

第三，在我们这个社会，矿工、矿难在拷问我们的社会良知，张自申的这个矿工作品系列，也在唤起我们艺术家的艺术良知。

第四，有画廊来支持这种画作，这在我们当今艺术市场上也是新的动向。这些都值得我们美术理论界做进一步的探讨。

给我们当代美术创作提供了一个方向性的思考

陈履生（中国美术馆研究员）

看到张自申先生的作品，我想到一个美术史的问题，在 20 世纪美术史上，可以把画矿工的作品做一个基本的分类研究，第一类是早期作品，反映苦难与抗争，这类作品以侯一民先生的《刘少奇在安源煤矿》和周思聪先生的《矿工图组画》为代表；20 世纪美术史上前半叶，我们还很难考察到具体的作品，第二类作品是从 1949 年以后，在新中国美术史上出现了一个新的题材和新的人物形象，即反映新中国工人形象，它的主题实际上是主人翁与劳动，反映了当家做主的新中国矿工在生产劳动建设中的一种状态；第三类矿工形象就是近年来出现的一些矿工作品，它的主题就是现实与关注，现实中的矿难，引起艺术家对于现实的反思。在苦难与抗争、主人与劳动、现实与关注的三大主题下，表现矿工题材的作品做了一个美术史的延伸。

张自申展示的作品，至少给我们当代美术创作提供了一个方向性的思考，我们应该如何去关注以矿工为主体的下层民众在当代的生存状态，这是很多人都需要去反思和认识的。

反映了一个很深层的社会问题

刘秉江（中央民族学院教授）

张自申是我的同班同学，我知道他画矿工，我早些时候在上海就知道了。他说起这个计划，而且我到他那个工作室去看，我当时的感觉是，在我们现在艺术发展到目前这种状况，张自申还有这样的激情，有这样一种注意力去关注我们当代最普通，可以说是在最底层的这些劳动大众他们的生活，这种责任感，这种使命感，我觉得很突出，非常难得。

因为现在我们举目看一下展览会，所有的展览会几乎又是另外一个面孔的千篇一律，大家都在形式语言上挖空心思，而像张自申这样很朴实、很真实地去关注社会问题，很少有艺术家在这么做，所以张自申他的画，他的整个思路，在今天社会是很难得的，值得大家关注。

张自申所描写的矿难，在我们国家是频频发生、不断出现的，这不仅仅是个事故问题，他反映了一个很深层的社会问题，这些在苦难中的劳动工人，生活在底层的社会背景下，张自申能关注这个问题，在画里表现出来，我觉得在现今的整个文艺动态当中，是很难能可贵的。

在他的作品中表现了新的探索

唐金海（复旦大学中文系教授）

我很荣幸能够到北京参加这次盛大的展览，听了很多精彩的发言有很多启示。刚才很多先生说看了这展览以后，有种沉重和压抑的感觉。我也有同感，但是我更多的感觉是突然想起这么一句“于无声处听惊雷”。画展虽然是无声的，但是看了以后，我在那幅巨大的画作前陷入了沉思，它给我的感觉不仅仅是沉重，先有沉重，不仅仅是压抑，心里的压抑，更多的是震撼和沉思。人民一定会记住张自申先生给当今社会贡献这么一个反映矿工生活的画面，我想他以后还会继续走下去，因为他是有艺术良心的画家。

很多艺术理论家、艺术家同行们也应该关心他，因为能够做出这样一个大胆有成就的探索，我们艺术家，心里也感觉到某种震撼、某种认同。

我是搞文史研究的，我们美术史上，有不少探索描写矿工的，刚才诸位专家都讲过了，同样油画史是对矿工也有很多的关注，张自申先生在他的作品中表现了新的探索。例如：很多矿灯都灭了，只有一盏矿灯亮着，这“亮着”给予我们很多思考，有一个矿工不在了，但是他永远亮在很多矿工心中，也亮在观众心里。

所以我想概括为，人民应该记住这样有良心的艺术家，同行也应该记下他探索的足迹。

《第八盏灯》，提供给我们理解当代世界变化，当代中国生活变化的非常重要的一个角度

汪晖（三联书店《读书》杂志主编）

在编辑《读书》杂志的过程中，有意识地希望组织这一类的讨论，今天看到《第

八盏灯》，它提供的是我们理解当代世界变化、当代中国生活变化的非常重要的一个角度和看待问题的一个视野，你从哪儿打开这个窗口，进入这个视野。这二十多年来，中国各个领域慢慢地发展起来，分科非常清晰，反而是不同领域之间、相互之间构成对话的可能性，比过去要小得多，这是很有意思的一个现象。过去在不同领域之间共同关心一个社会问题，不同的视野介入，互相激发，这样的状况反而在过去这些年中越来越少了，好像各自一个摊子。不过最近这二三年，我感觉有很多的变化，这变化一是来自对当代的再认识，有这个紧迫性；二是来自对当代生活的理解发生很大的争议，产生不同的看法。

承受着，准备着，你所做出的努力就会有积极的回报

安远远（文化部艺术司美术处处长）

作为一个晚辈首先我表示尊敬。

看到了今天的展览，使我一直处在一种被强烈感动和震撼之中，钢铁工人、矿山工人都是男子汉的代表和象征，他们是父兄，他们是有血有肉的生命，那么现在所有的新闻报道，所有的矿难和战争的记录都是伤亡人数，简单的数字，不断膨胀的数字，这个数字之后是不是还有血肉与感情？ 每个人背后都有很丰富的情感经历和家庭的故事，他们这种血肉的情感我们怎样来传达给在听新闻的人？ 现在有太多的喧嚣与浮华，太多的娱乐与麻木，符号化和对人感情的漠视化，它给艺术带来的是伤害，这种伤害同时又造成：人们对这个世界上的和平、和谐的漠然和没有真情。所以，今天的画展对我个人的震动是非常非常大的。我非常感动——因为感动，所以显得没有太多词语能够描述这样的心情和这样的历史时刻。

我还有一个感受，任何一个人，任何一个文化的载体，之所以能够激励大家，就是要求你一直在默默地承受着，你在准备着，可能在什么时候你所做出的努力就会有积极的回报。

我们应该以一种强烈的责任，弘扬我们民族的东西，把舶来品本地化

毛遂（北京经济战略研究会）

今天我百感交集，我的一个非常好的战友，复员之后死在七台河的矿难中。今天从艺术上来说是欣赏张先生悲壮的美，从情感上来说是对我的战友很好的悼念，我也替九泉之下的英魂来感谢张先生，所以今天我的感触特别多。

我接触很多搞艺术的人，常常说一个观点，说油画不是我们中国的母语，这个潜台词是什么呢？ 是我们中国人搞油画超不过古人达芬奇、超不过西方！我还不这么认为，舶来品在我们中国人完全可以像佛教禅宗一样本土化。所以油画反映大众并怎么能走向大众，我觉得这样一个艰巨的任务，是在座的各位专家、学者一个不可推卸的历史责任。我是搞战略研究的，今天尽管有美国朋友在场，我要坦率地说中华民族最大的危机不是缺能源，不是环境问题，也不是暂时的贫富差别，而是对西方的文化侵略，我们现在表现得很淡然，甚至我们在麻醉中就接受了。因此，我们应该以一种更强烈的责任，弘扬我们民族的东西，把舶来品本地化。

我作为一个艺术上的门外汉，讲一些班门弄斧的观点。谢谢！

体现了鲁迅所说的“睁眼看世界的一种精神”

陈漱渝（原北京鲁迅博物馆副馆长）

我看了张自申先生画展后想起了一个题目，叫做“作家的生命意识和作品的灯火效应”，做一个有良知的艺术家应该自觉承担什么使命？ 画展的题目叫《第八盏灯》，我就望文生义，想起了“灯火效应”就是从这句话当中概括出来的。张先生在这个时候举办这样的画展，对于当前的不良倾向是一种很有力的反驳。因为当前矿工系列问题不是行业问题，它是一个非常尖锐的社会问题，它反映的也不是一个经济问题，而且是个政治问题，所以我觉得张自申先生这样的作品，体现了鲁迅所说的“睁眼看世界的一种精神”，反映了艺术家的良知，这样的作品才可能陶冶人，震撼人。

鲁迅很喜欢珂勒惠支的版画，我看了张自申先生的《第八盏灯》，想到鲁迅评价珂勒惠支的一个作品叫《俘虏》，是幅群像，每一个俘虏表情都不一样，有的绝望，有的倔强，有的愤怒，有的愁思，但是没有一个是萎靡的，没有一个是屈服的。我觉得，

在七个矿工的眼神中看不到萎迷，看不到屈服，所以这是两个启发，评价一个作品，要看作家能不能比较好地表现现实问题，从这两个角度来看，张自申先生的画展是成功的。

艺术精神和张自申本质的精神结合的产物

方世聪（上海常青美术学院常务院长）

我接触张老师，发现他这个人很朴实，很善良，他的作品也是他人格的反映，他要反映他所看到的感动的东西。面对那些矿难他有感而发，震撼了他的心，同时，他的作品也震撼了我们的心，这是一个艺术家真正的良知和真正的责任感，并且从这个画里面，看得到作者张自申老师的精神。所以我觉得一个艺术家，应该要有一种精神，张老师在这个非常繁华的社会里面，能够发扬一种精神，这就是艺术精神和张自申本质的精神结合的产物，这是值得提倡和歌颂的。

关于架上绘画写实主义这个创作方法，画照片的问题是比较普遍的一个现象。我觉得照片是可以利用的，但是我觉得作为写实主义艺术家面对真实的人，真实的生活，他就会产生很大的激情，并且产生很多意想不到的效果。按照片画，有很大的局限性，至少缺乏艺术家的想象。写实主义画家，他要在画上构成很多画面，空间、色彩、结构都需要在绘画中才能产生的。我觉得应该提倡像张自申这样深入生活、面对现实来创作的过程，面对现实，才会产生感人的效果。

现实要从多种角度来理解

崔之元（清华大学公共管理学院教授）

我对美术界来说是外行，刚才靳先生说到，就是 20 世纪 80 年代以来中国美术界现代主义与现实主义好像是对立的，但是就我对西方哲学的艺术领域的初步了解，我觉得这可能是对 20 世纪西方艺术的很严重的误解。

现代主义最重要的一个领袖人物在文学界是詹姆斯•乔伊斯，他发明意识流，但他实际被认为是一个社会主义者，他觉得就是要写普通人，但普通人非常复杂，不能搞三突出，现实中认识很复杂的，可能需要意识流。所以现代主义并不是反现实主义，现实要从多种角度来理解。张自申先生特别重要的就是有两幅作品，一幅《第八盏灯》同时又有一幅《享受阳光》，表明从多角度来看问题，因为矿工也不都是悲观的。张老师为什么要画两幅？更促使我们思考。总之，不能把现代主义和现实主义分离，要从更多的角度来反映现实。

受过中央美院教育的、具有一种穷苦精神的奋斗者现在仍然在奋斗

高泉（中国美协油画艺委会理事）

我不是理论家，而且我这个人向来简单，说说心里话，我见了张自申画的这些画，由衷地高兴，我很骄傲我有这样的朋友和同学，而且我很骄傲我们这样一些受过中央美院教育的具有一种穷苦精神的奋斗者现在仍然在奋斗。

他的画我没有想到，他能够从感情深处站在劳动者这种感情上呼唤着一种意识，什么意识？ 画家的良知。良心在哪儿？ 我们的艺术工作的方向在哪儿？ 任务在哪儿？ 我们国家的主体劳动的动力，有人关注了没有？ 呼唤这样的意识，这一呼唤我觉得喊得好！ 我觉得这是个鲜明的对比，和什么比？ 和当前的金钱、享乐比。在太平世界、欢乐世界，大家忘掉了有的劳动者还在艰苦奋斗，有的甚至在水深火热之中，所以我觉得自申这件事办得太好了。

至于他的画的好坏，理论家去评论。今天能喊出这个声音，我是最高兴的，我觉得喊得好。

在油画界提出了中国油画的现实主义回归的问题

王宏建（中央美术学院教授）

张自申先生的这个画展，特别是这两幅大画《第八盏灯》和《享受阳光》，我首先想回到油画本身来谈，他在油画界提出了一个学术问题，中国油画的现实主义回归问题。

张自申选择了矿难这个题材本身就有意义，我同意以人为本，关注人的生命、

人的生命的价值这个说法。

《第八盏灯》中七个矿工，挂了八盏灯，没有人戴的灯是最亮的，我想这就是画家的寓意，人的生命是无价的、宝贵的，矿工的生命是宝贵的。他这个处理手法很独到，有自己的想法，不是概念性的。他在矿工题材中找到了自己的表现形式，是表现得比较好的。

我们看到这幅画与另一幅《享受阳光》反差很大，都是活生生的矿工，有生命的人。他不是冷漠地去画，而是同情他、了解他，非常感动人。特别是这两幅大画，一前一后，是一个系列，表现同一个主题，一个在矿下非常暗，像靳先生说的有压抑感。这是正常的,在这个现实面前每一个有良心的人都应当感到压抑。反过来的《享受阳光》，矿工还未下井，不是什么高大的英雄形象，是很普通的、活生生的人的形象，在阳光下自得其乐，那么满足，我觉得同样也是很动人的。

今后中国的发展是多方面的，愿意搞表现主义也好，抽象语言的探索也好，或其他语言探索，或形式上具象探索都好。张自申先生这个现实主义画家关注社会、关注现实、关注人生，仍然是我们所需要的，虽然不一定一统天下，但是应该有他的一个位置。

祝贺，感动，希望

袁运生（中央美术学院教授）

张自申给我打电话，说他有个展览，我没想到他有这么一些画，我以为他在画城市肖像。我看了这个展览，没想到张自申还有这种热情去画矿工，我表示祝贺。

一点不足

王路（北京画院一级画师）

我就说一点不足，张自申是个特别老实、特别正统、很正直、很和气的人，我觉得在这丰富的深入生活的基础上，希望他的画更有些张力，就像珂勒惠支的画那样，有更大的震撼力。

社会主义有伟大的现实意义

安周（中国社会科学院社会学研究所访问学者，
美国约翰霍普金斯大学社会学系副教授）

我的中文程度不够好，没有办法用中文表达我的意思，可是我真的很感动。看了张自申的画我知道这有社会主义现实主义的背景，但让我感动的是这些更加真实的画。这个背景也有今天的现实意义，所以我真的觉得很感动。谢谢!

《第八盏灯》是现实悲剧题材和写实的油画技法的比较完美的结合

王镛（中国艺术研究院美研所研究员）

看了张自申先生的画展，感到心情比较沉重、比较压抑，虽然他后面有一幅《享受阳光》，但总的感觉还是比较沉重的，可我觉得这个沉重，反而比阳光的那个东西画得更好。我们以前的油画大量歌颂，至少是比较轻松的东西，这些东西给人的感染力，不如表现社会悲剧的感染力强。我觉得张自申先生的《第八盏灯》是现实悲剧题材和写实油画技法比较完美的结合，它具有很强的感染力，比"阳光"系列感染力要强得多。

另一方面，张自申先生的油画技法，实际上就是传统的写实主义的画法。现在很少有画家把这么多素描、这么多单体人物组合成一个画面，他还是很严格地按照写实油画传统来创作的。他画的素描很有力，甚至比他画的有些油画还好。另一方面，又不是特别细腻，还有一点表现的味道，当然不是很强，所以他的油画技法不夸张又很朴实，这种语言与这种题材就特别吻合。

我提点希望，就是人物表情还可以刻画得更深入一点，也可以再强调一下每个人物的个性特征，如果这样的话，可能《第八盏灯》的震撼力更强。我希望张自申先生沿着这条路继续画下去，当然也可以搞其他的创作，不要都这么沉重。但这个可以奠定张自申先生在当代中国美术当中一个重要的位置。

一个画家想画出感人的作品，必须要零距离地接触生活

吴云华（辽宁美协油画艺委会主任、辽宁省画院副院长）

矿工题材从历史上来讲，很著名的有像库尔贝画的《石工》，梵高早期也画过矿工，特别是俄罗斯的卡萨特金，他把一生的创作都和矿工结合起来。新中国成立以来很多画家都投入了这个题材，为什么我们的艺术家对这个题材情有独钟，他们要花费很多精力投身于这个题材呢？因为要关心人的生命、生命的价值和人性的关怀。最典型的就是矿工，他们处在人类劳动阶层中的底层，在黑暗里劳动给大家创造财富。张自申最后画出《享受阳光》，他这个姊妹篇是分不开的。因为矿工有对阳光的渴望，一丝丝的阳光都是生命。我从毕业以后一直与矿工在一起，所以我特别理解张自申在创作过程中的那种深厚感情，这个是非常感人的画展。

一个艺术家、画家想画出感人的作品必须要零距离地接触生活、接触这些最普通的劳动人民。张自申大量的写生，使他创作逐渐有了酝酿的过程，才产生巧妙的构思，《第八盏灯》不会一开始就想这样构思的。如果他不带着感情和同情去接触他们，是不可能画出这么多写生的。矿工上来之后急于要洗澡，要赶快回家，张老师能把他们留下来呆几分钟或半个小时给他们画画，很不容易。特别是如果不经过写生，不可能画出矿工那种神情和当时那种表情的，那种煤灰不是后来抹上去的，而且矿工眼角中那种红的血丝，只有经过细致的观察才能表达出来。

应该思考如何去发现大多数的劳动群体

徐萍（辽宁画院党委书记、副院长）

今天受邀来参加这个展览，听了这个研讨会，看了这个展览，我觉得心里确实很不平静，一直在被感情所激荡着，也很受教育。

是什么时候给我们提供能源的这些工人，渐渐地远离了我们艺术的主题？当今中国处于人均收入1000—3000美元水平这样一个阶段，这个阶段，据国外发达国家的经验表明，是社会阶层分化最剧烈、人们思想最活跃、经济发展最迅速的一个阶段。我们周围的生活发生了迅速的变化，买车买房、高速公路，人人都有手机等，包括农村也在变化，我们孩子们的受教育等。在这个过程中艺术和生活的关系、艺

术和社会的关系、艺术家与人民的关系，我觉得今天已经提出来了。张老师的展览给我们提供沉重的两个题目，这个题目是研讨会不能够回答的。在20世纪美术史上，如同刚才陈履生先生所归纳的，我非常赞同这个说法——苦难与抗争、人与劳动是重要内容。在这类作品中还有吴云华先生的《乌金滚滚》，直到当下的现实与关注的作品，从这样一个脉络下来我们看到的是什么？ 就是什么时候我们的艺术不再表达我们的工人、农民、士兵等，艺术家就游离了大多数的劳动群体。

真正作为一个有良知、有社会责任感的社会艺术家，应该思考如何去表现大多数的劳动群体。

新的中国无产阶级在他的画面里出现了

赵寻（中央美院人文社会科学院）

当我在展厅里面看完张自申先生的画，我感受到另外一种东西，就是我意识到张自申先生给我们的东西已经不再是以前在社会主义时期作为宣传画存在过的工业题材里所表现的工人，而且尤为重要的，这个时候他所表现的工人和当年的工人已经处在一个完全不同的位置上。像靳尚谊先生说的那样，以前的工人是中国社会的主人，是无产阶级的代表，那么今天这些人确凿地说，他们是民工，他们是社会中最底层，被人称之为弱势群体的人。我们也由此想到其他一些问题，我们知道张先生还有其他一些创作，但我们也知道张先生在这个创作过程中有一个非常有意思的辩护，那就是不断地提到梵高。当年去了解矿工的情景，我们很清楚这样一个自我解释是一个自我辩护，来自于一个强大的艺术压力，这个压力就是近30年来形成的纯艺术的新传统，就是种对形式语言的探索和注重，才是艺术工作唯一的任务。另外我们谈到大家非常犯忌的话题，我觉得新的中国无产阶级在他的画面里出现了。

要大胸怀大视野的人文关怀

王仲（中国美协《美术》杂志主编）

今年中国美术馆有两个展览给大家留下了深刻的印象：一个是上个月冯少协关于中东题材的油画展，另一个就是今天开幕的张自申关于矿工的油画展。这两个展览有一个共同点，都是一种大胸怀的人文关怀。冯少协先生的中东题材，关心国际焦点问题，张自申先生是国内题材，关心国内深层社会问题。这两个展览之所以给予广大观众非常强烈的震撼，就是因为他们关注了牵动万众民心的热点问题。

今天我注意到詹建俊先生在他的讲话里一再提到“没有想到”、“没有想到”，刚才袁运生也讲“没有想到”。这些“没有想到”，正说明张自申的创作关注和当前油画界创作关注之间存在的距离，这里面的问题很值得我们思考。

这两个展览我都写了前言，我都谈到一点，艺术家面对现实虽然无能为力，但我们的良知要作出反应。面对中东的血腥拼杀，难道我们一个画家用笔画了张油画，中东战争由此就可以停顿了吗？ 双方枪膛里的子弹就不向对方射出了吗？ 这是不可能的。同样张自申画了关注矿工的画，难道我们今后在电视里就再也看不见有关矿难的报道了吗？ 这些是我们艺术家无能为力的。中东长期兵戎相见，那么多高智商的政治家、外交家穿梭斡旋依然解决不了的问题，我们艺术家当然更没有办法解决，但是我们艺术家必须要表态，我们必须要发出我们的声音，像刚才高泉先生和王宏建先生讲的，我们必须发出声音！ 这是有良知的艺术家的天职。在当前这个所谓的“利益时代”，我认为张自申的作品有非常积极的意义，它在呼唤着艺术家、知识分子的道义良知。几百年前王阳明讲“至良知”，后来我们简单地把它当主观唯心主义批判掉了，现在良知也不讲了，只讲实际的利益。丘吉尔讲“没有永恒的友谊，只有永恒的利益”这句话在今天似乎成了至理名言。现在当然很多问题对我们来讲确实无能为力，但我们总应该发出我们自己正义的声音。我觉得张自申的画展也好，前面冯少协的画展也好，都体现了中国知识分子这种正义的声音。

再一点，今天的展览也显现了现实主义新的力量，当然关心现实生活有多种多样的层次，每个艺术家根据自己的不同的信念、不同的追求，可以找到自己的位置。我是非常主张艺术生态平衡的，花花草草需要、灌木丛丛需要、乔木行行的也需要，但你总要有几棵参天大树吧？ 有些人天生就是肖邦，有些人天生就是贝多芬。没办法，各找自己的位置。但我们希望真正能够实现生态平衡就应该各个方面都有。

总而言之，张自申的画展对我们整个美术界，甚至艺术界、文化界都有很多积极的启示。前一段实践我们与《文艺报》联合举办了关于“中东的鸽子”的研讨会。很多文艺理论家、文学理论家参加了，都感觉这种大视野人文关怀的创作意向对我们文学界、艺术界都很有启发。我作为一个美术工作者，对我们美术界能够出现冯少协和张自申这样的画家，感到非常自豪。

《第八盏灯》永远不会灭，实际上也代表中华民族的魂

张自申

非常感谢大家来参加研讨会，这是我的很大的荣幸。

我想讲两个思想过程。当时画这张画的时候确实矿难不断，我想起过去那些矿工，所以我在画的时候是掉眼泪的。因为那个时候他们在矿上，"文革"刚结束以后我到矿里去的。那个时候邓小平刚提出大打矿山之仗，那是轰轰烈烈、争分夺秒的工作。

没有想到去年发生那么多矿难。我当时也没想过画了以后结果会怎么样。在画的过程中我构思了很多，当时想到有矿工、有死亡者、有抢救者、有护士、有民众、有家属、有领导、有记者被围攻等。这样一来场面比苏里柯夫的《近卫军临刑的早晨》场面还要大，感觉到这个事很棘手。当时也考虑到有种可能，也不是说怕被否定。我七十几岁了也无所顾虑了，但还是觉得这样表现很难，这是矛盾的焦点。各种各样的人物表现，那要比列宾的《库尔斯克省的祈祷行列》的场面还要大，就怕自己的精力不够。

后来我到矿里去看了，从矿里出来的一个个全是"黑"人，实际上他们的形象已经看不清楚了，从头到脚是一个"黑"人，只有那些检修工能看出脸，其他人都看不出。当时就转为考虑怎样来表现这个矿难给人的感觉，就是灯亮着，两个眼睛是亮着的。所以后来就用比较隐晦的办法，《第八盏灯》永远不会灭，实际上也代表中华民族的魂。这张画画出来以后大家很重视，我也很感动。谢谢大家。

此文原载于《美术》，2006 年第 9 期。

深入生活、表现矿难的批判现实主义力作

——张自申《第八盏灯》矿工系列油画展有感

陈发奎

有段时间，在圈内听画友说，74 岁的张自申先生闭门谢客，在青浦隐居，老头子将要出一件大作品，打算搞个展，电话打去，又下了煤矿，写生体验生活去了，好像还手臂骨折过……

4 月初的一天，我终于叩响了他在曲水园旁画室的大门，等了一会儿门才打开，原来画幅甚大，挡在门后，需将画幅移开，方得侧身入内。好家伙，浩大工程顿时在眼前显现，四块布面油画组合在一起，已露出气势，一组群雕般的人物比真人大一倍，深色背景，衬以逆光效果正面迎来。对于他的大作，张老秘而不宣，气定神闲，全神贯注，径直用颜色上画布，一看就知道，矿工的典型形象和典型环境，将向人们昭示着什么呢？

7 月，在上海刘海粟美术馆，张自申的个人主题画展——《第八盏灯》矿工系列油画展和观众见面，引起轰动。我和大家才明白和知道了张老的辛苦和功力所在，美术界的朋友们激动万分，肖峰老先生盛赞好友张自申在当前市场经济的诱惑下各种表现思潮纷呈时，坚持走自己的现实主义道路——深入生活，画出了非常优秀的作品。了解他的《美术》主编王仲说：毫不惊诧，老先生艺术青春犹在，是一贯本色的再次显现；邱瑞敏表示：上大美院的老领导张自申，作为现实主义画家，坚持走自己的道路取得了成功，感到非常鼓舞。观众们反响强烈，一位网友写道："我不会画画儿，但喜欢看画，看到张自申的《第八盏灯》，太震撼了，心中充满了酸楚、悲凉、愤怒、同情…… 心灵被一幅画如此打动，记得只有多年前罗中立的《父亲》。我是 20 世纪 5 0 年代出生的男人，风风雨雨几十年，很少流泪，我能被张自申的矿工感染，确实感受到了画中的凝重和催人泪下的艺术感染力，尤其是那最年轻的小矿工。…… 我期盼我们这个社会能出现更多有良心有爱心的画家。"

俄罗斯列宾美术学院梅尔尼科夫画室主任彼斯特罗夫和西伯利亚美协主席尼柯尔斯基在张自申的画室里找到了知音。他们说，在俄罗斯，这样画画的已不多啦，在中国也是所见到的第一个。

在展厅主题画《第八盏灯》的左右布置着色彩小稿和矿工速写，转过来，另一大幅油画《享受阳光》与前面形成反差，完全不同的矿工生活场景的真实写照，光感强烈，只见矿工们洗去黑色煤尘，朴实的面容、安逸的神态、暖暖的阳光洒在他们身上，笑容流淌在眼角、嘴边。所有这些作品，我看到和触摸到了张自申严肃认真的艺术创作态度、驾驭油画艺术的高超技艺和熟悉矿工生活的炽热情感。得知展览马上要移师京城，当月将在中国美术馆展出，在上海撤展的第二天，张老专程约见了我们，听他谈创作过程，共同分析艺术作品的主题内涵，使我对张老的作品有了更深的认识。我以为，大型的主题性绘画创作永远是美术工作者的一个至高无上

的梦。张老创作的重大题材的巨幅作品，曾被国家博物馆、军事博物馆收藏。功成名就的他，并不满足于肖像、风景等，而是用批判现实主义的思想来深入主题的刻画，成为他的一个新的艺术追求。积累50年的绘画经验和描写30年矿工生活经历，艺术家的社会责任感和捕捉生活的敏感，促使他对近年来不断发生的人为造成的矿难事件深感愤怒，反映矿工生活，揭露矿难黑暗，他拿起了批判的武器，于是就有了批判现实主义的创作构想。

众所周知，批判现实主义的重要特点是深刻而真实地反映现实，揭露现实的弊病和矛盾，肯定民主主义社会理想，犹如一面革命的镜子，在历史上有过积极进步的作用。如作家巴尔扎克、狄更斯、列夫•托尔斯泰，画家委拉斯贵支、库尔贝、杜米埃、贺加斯、彼罗夫、列宾等人的作品，批判的因素在这一流派的代表人物的创作中占有很大的份额。别林斯基认为艺术首先是“对社会的判断、分析，因而也是批判”，批判现实主义由此得名。

其实艺术作品本来就有这一功能。我国古代《诗经》中的风、雅、颂，其中“风”通“讽”即讽刺的意思，风，是指用于教化、讽刺一类的作品，有批判现实主义的精神，因此说有相通相似之处，都要求有社会化的教育功能。目前学校在开展两纲教育——生命教育和民族精神教育，我觉得艺术作品应该成为践行这一思想最为鲜活有力的教材。

在我国美术界，解放前在版画中有所体现，新中国成立后，批判现实主义的优秀传统，在倡导社会主义现实主义艺术的口号下，有机地继承下来并加以发展，在漫画中也有涉猎。“文革”中受“三突出”的政治极左影响，一度脱离了现实生活，“文革”后的伤痕艺术也有反映，但只是对过去事件的描写，而不是对现今社会生活的批判。以后改革开放，艺术多样化，像张老这样依然坚持现实主义的表现手法，针贬时弊，批判现实，是需要毅力和勇气的。因为，批判现实主义的艺术特色表现出对现今的不满越鲜明，由此产生的对理想的追求就越自然（谢德林），从而能够激发人们奋进的力量。批判现实主义的作品揭露黑暗，是为了促进社会的发展，它同政治波普艺术有本质的区别，是用严肃的创作态度弘扬催人向上的主旋律。

愤怒出诗人，聊发少年狂。确立了主题以后，张老本来设想表现一个大场面，有受难的矿工、愤怒的家属、黑心的矿主、腐败的官员、活跃的记者以及医护、公安人员等，来直接表现矛盾的尖锐冲突，大概要有一百多人的叙事大场面，但当他来到矿道口迎面看到走出矿井的工友们如雕塑般的形象，直觉的冲动改变了初衷，于是具有一定现代感的构图在画布上形成了。

在张老以往的创作中，除了重大的革命历史题材外，一直喜欢描写普通人，这次将英雄主义的人物形象的创作手法搬到矿工身上，是艺术上的一个尝试。《第八盏灯》作品具有文学性，人们在欣赏作品的时候，人物的排列从左到右，宛如在阅读一部长篇小说。左起第一个人的性格平素喜欢调侃，此时不知所措地把手搭在同伴的肩上；第二人伤感得干脆闭上了眼，一副无奈的样子；第三人手托脸颊，为上有老下有小而犯愁；第四人生性耿直，气愤地要骂人打架的样子；第五人出现时，高潮起来，视为成熟的核心人物——班长，他在想如何面对这一切，高大的形象，凝重的表情，静静地在思考，手里拿着另一盏灯；第六人是哥们，随时能跟上来分担困难；第七人是最年轻的，他没有这种经历，拿了馒头，竟忘了吃，一脸惊愕；第八是由主人公手里拿着但还明亮的灯。物是人非，通过矿灯的象征意义，表现了“人去灯不灭”，精神永在的思想，给后人以警示……

作品绘画性极强，在光线的处理上，画家压低了闪亮的矿灯，让人们的视线集中注意到人物的肖像和手部刻画上，在同一情境中，各自细微的变化，表现出每个人的性格和情绪。在精准的素描基础上的冷紫色调，色彩丰富沉稳，笔触跳动粗放，群雕般的整体形象表达出充满着的悲剧气氛画面，但不直白。悲剧“把美好的东西毁灭给人看”，艺术家取了劫后余生一刻，舍去了过多细节的赘述，用极为简洁的道具——矿灯，突出了人性的复苏、人文精神升华的主题，给观众留下想象的余地和反思的话题。

从冥冥的黑暗中走出来，汽车在高速公路上飞奔，眼前的景象明亮光灿，让人睁不开眼，两旁的高楼是国际大都市经济发展的标志，而我的思绪却飞向远方的矿山，依然沉浸在黑暗和沉闷之中。

我曾在张老下去体验生活的淮南煤矿工作过，那里的国有大煤矿投资、措施到位，是安全生产做得好的煤矿。后来常常见到矿难的报道而感慨万千，人类在破坏自然的同时，得到大自然报复的却是自己，牺牲了性命固然痛惜，但盲目的掠夺式的开采，等到能源彻底枯竭，将会给人类带来灭顶之灾的后果，我们想到了吗？这不是我杞人忧天，也不是危言耸听。在张老作品的震撼下，我们不禁要问：现今高速发展的经济，难道要建立在牺牲能源、破坏生态环境的基础上吗？难道要以牺牲人文精神、物欲横流、道德沦丧为惨痛的代价吗？艺术家在这里用它特殊的油画艺术语言，揭开了艺术干预生活、批判现实的讨论，也用它特殊的油画艺术语言，无意识地揭示了当今经济发展中存在的能源破坏、人文缺失的两大误区。要实现可持续发展，胡锦涛主席及时提出了“科学发展观”，“构建和谐社会”的思想。证明我们中华民族比任何时候都要清醒，我们要抑制犯罪，再也不要干错事和蠢事！艺术家作为具有人文精神的群体，为了社会发展，应该用引起人们心灵震撼的典型的美术作品来大声疾呼，透过作品看到了社会发展的光明和方向。

我想，作品展出后引起了社会的反响，引发争论，正是它的魅力所在。会反思的民族是有希望的民族，知耻者勇，在沉默中爆发！在新形势下如何为社会发展和经济建设服务，要有一批艺术家挺身而出，端正自己的创作思想，发掘主题性绘画的内含，倡导并推动现实主义艺术的健康发展。

此文原载于《上海艺术家》2006 年第 4 期。

我看《第八盏灯》

金国范

去年10月,上海美术馆举办“咱们工人有力量——中国工业主题美术作品大展”,回顾了新中国成立六十年来工业的发展,忠实地还原了历史面貌,我与朋友一起去参观了展览。

随着脚步的移动,一幅高1.8米,长5.5米,占据整个墙面的油画映入了眼帘,顿时心灵为之一震。画面以黑色为主色调:煤层、脸庞、脖子、工作服、矿工帽都是黑色,惟有7名矿工的眼球是白的,还有七盏矿灯,反射出幽暗微弱的灰色,没有一丝光亮。然而,第八盏矿灯却亮得耀眼,暗示其主人已遇难。仍然坚守在坑道岗位上的七位矿工,在失去同伴后表情各异,姿态也不相同,画家通过这些形象,逼真地传递了他们对灾难的反应。

油画标题是《第八盏灯》,作者为张自申。正好一群年轻人也来此欣赏,在画作前展开了热烈的议论。其中一位问我,这画反映的是过去还是现在?我说,应是现在吧,君不见,近年来报纸上揭露我国大小煤矿的事故还少吗? 那些负责安全管理的官员受到问责者不乏其人,其中揭露出的腐败、草菅人命令人愤慨!

下楼准备离馆,孰料友人也为这幅《第八盏灯》所感动,因他上大学时曾在井下实习过一个月,对煤矿生活有段难以割舍的情缘,所以想在售品部买张《第八盏灯》印刷品作纪念,遗憾的是寻遍各处皆无。我提议,何不把它摄入所带相机? 于是我们再次站到画前,边拍边品味:右边第一位矿工年龄最小,略带稚气的脸庞上,露出一股不知所措的恐慌,直木的眼神,似凝视某处发呆。第三位矿工除了头戴的矿灯外,右手持着仍然明亮的第八盏灯,显然是当班的班长,他神情严肃悲壮,既为失去工友哀痛,又在思索事故产生原因。左侧蹲着的第四位似为井下作业多年的老矿工,灾难的发生在他意料之中,他双眼冒出的怒火,正是对那些漠视安全管理者的愤懑。第五位是所有人中最年长者,以手支头,身心疲惫,显得有点无可奈何。第六位闭眼流泪,痛不欲生,若无旁人扶持将站立不稳,估计是受难者的密友……整幅画面凝聚着对朝夕相处的遇难工友的深情厚意,也有直面未来的茫然、无奈、惊恐和呼唤。

回家上网后查得,张自申先生现已70多岁,上海青浦人,曾任上海大学美术学院教授、院长。四年前他被煤矿屡屡发生的重大矿难而震惊,不顾手臂骨折尚未痊愈的伤痛,深入煤矿,于古稀之年创作反映矿难的画作,以唤起社会对煤矿安全的重视。老画家的力作,正体现了一位知识分子的良知和责任感。

此文原载于宝钢新闻中心,2010年3月8日。

一生醉心肖像画

——张自申教授印象

戴恒扬

我对上海大学美术学院教授张自申的印象是从历史画开始的，那是他在 1977 年为中国革命历史博物馆创作的历史画《强渡天堑》。新中国成立后，画家能被革命历史博物馆、军事历史博物馆邀请作画无疑是一种荣誉，也是对画家艺术成就的肯定。当时的何孔德、高虹、彭彬、罗工柳、靳尚谊、詹建俊、全山石、蔡亮、鲍加、陈逸飞、魏景山等，犹如夜空繁星，他们的一批作品，也如珍珠般串在中国当代美术史这根链条之中，张自申的名字因此存留在我美好的记忆中。

张自申的油画肖像最早的作品是他在中央美术学院毕业创作《老兵新传》。从此肖像画便一直未能离开他关注的视线。他和我谈到西洋油画从凡•代克兄弟、达芬奇、伦勃朗、委拉斯贵兹、德拉克罗瓦、安格尔、大卫、库尔贝、米勒、马奈、萨金特，一直到现代的莫迪格里尼。西方绘画史中一流的画家，大都与肖像画有缘。有的画家最主要的成就在肖像领域。特别是达芬奇《蒙娜丽莎》的微笑，成为艺术史上最难解的谜。张教授感慨：中国没有真正意义上的肖像画。中国古代阎立本的《历代帝王图》一度辉煌，早于西方八九个世纪之前。由于中国文人画重神不重形的艺术主张，使得山水画、花鸟画得到发展，而人物画、肖像画极度衰败。只留下了几根苍白、枯燥的线条，使"神"失去了构筑金字塔的造型基础。到了近代，肖像画只具有历史文献的价值，而没有美学意义上的价值。就当代肖像画来说，也只是一种创作概念的替代品，而非真正意义上的肖像画。用张自申教授的话来说，面对面的、感性的、同时亦是形神兼备的，才是他追求的肖像作品。他并不主张肖像画全面地回到古典风格中去。然而，没有古典主义的基础，就像音乐史上不可能产生贝多芬等一代巨匠一样，中国的油画肖像画亦难以达到精深。他同时也反对那种过分崇尚西方绘画重逻辑、重制作的心态，而把有情感的创作置于一种冷漠的极端中去。

张教授最近的肖像作品如《自画像》、《画家丁绍光》、《月照法师》、《女青年像》等，真正实践着他自己的主张。他在《画家丁绍光》这幅作品中，在造型上要求"见笔"，亦就是有笔触感、有画意，同时能达到细腻、完整的效果。他在人物和背景的空间处理上花了很大的工夫，尝试采用了野兽派画风的一些特点，使其画面具有激情和张力，并自然地让人物在画面的空间中得到恰当的融合。背景是依据丁绍光先生作品中采用的纹样，通过他的概括处理，从而更提升了画面的精神。大面积衣着的黑色，使画面在绚烂中显得更加厚重。另一幅肖像作品《月照法师》则采取平实的构图，深色的背景与黄色的服饰，形成强烈的对比。脸部的塑造处于明暗对比最响亮的部分，色彩吸收了印象派光影处理的手法，感性、鲜活。现在，张自申教授的部分作品在本届上海艺博会上露面，这实在是一件令人欣喜的事。

此文原载于《文汇报》，2003 年 10 月 31 日。

艺术良心在胸膛中跳动

王 仲

无论当代世界艺术怎么机会主义地花样翻新，张自申始终是一个现实主义画家，他永远关爱那个鲜活的现实生命世界，他认为这才是他的艺术最可靠最真实的泉源，他要在这个视觉可感的世界中去寻找人生的意义和真善美的理想。

我与张自申相交多年，深知他为人从艺态度的平实和真诚。当我看到他最近创作的矿工系列油画作品时毫不惊异，因为这不过是他一贯本色的再次显现，当然这是富有新的情感波澜和创造活力的再次显现。早在20世纪70年代初，张自申就抱着类似当年梵高主动到矿区当牧师的那种人文情怀，多次到煤矿去体验生活。近年来中国矿难不绝于耳，令世人震惊，深深刺痛了张自申这位与矿工有着深厚情感联系的艺术家的良心。

2005年10月，已过“古稀之年”的张自申带着复杂的感情，又重新来到煤矿。《第八盏灯》和《享受阳光》两幅大画和30余幅写生作品，正是他在煤矿体验生活的艺术实践结晶。我不想在这里好为人师地解读张自申的作品，请观众用自己的眼和心去品味吧，你们本真的审美直觉会从中读出比我的导读更丰富更准确的内容。

面对矿难和背后的黑幕以及更深层的社会原因，我们艺术家能做什么呢？我被自己提出来的问题问住了，问呆了。但不管怎样，用艺术创作回应人类命运的苦难和解脱，唤起人们对假恶丑的憎恨与对真善美的信心，借以推动社会意识不断进步，这正是我们这些具有人道主义良知的艺术家的本能和天职。我们的艺术家不能沉默。

我为张自申的这批新作叫好。

此文原载于《新闻晚报》，2008年1月3日。

《第八盏灯》矿工系列油画展

胡喜盈

“张自申——《第八盏灯》矿工系列油画展”于7月28日—8月8日在北京中国美术馆巡展引起强烈反响，一个月前该画展在上海刘海粟美术馆展出获得成功。7月28日，“中国美术界关注社会生活批判现实主义”研讨会同时在中国美术馆举行。

张自申，著名油画家、原上海大学美术学院副院长，早在20个世纪七八十年代就曾多次下煤矿体验生活。2005年以来，中国一系列矿难及矿工的生存状态成为全社会关注的焦点，74岁的张自申又先后三次去煤矿体验生活，历经数月完成巨幅矿难中的矿工群像《第八盏灯》。

展览大厅内，长5.5米、高1.8米的《第八盏灯》视觉冲击震撼人心。作品描绘了矿难后煤矿工人走出矿井的悲壮情景。七名矿工雕塑般站立着，居中的主角身材高大，眼神悲愤，手中抱着死难工友的矿帽，帽上的灯还亮着；两侧是逃过一劫的工友，神态各异，最年轻的小伙子脸上还带着稚气，惊魂未定；有个矿工手揽工友的肩膀，不知是安慰对方还是支撑自己疲惫的身心，矿工脸上弥漫着悲伤迷茫、失魂落魄的情绪。

黑煤层、黑脸庞、黑色的工作服、黑色的矿工帽，七名矿工七盏矿灯，没有一丝光亮。然而第八盏矿灯，亮得耀眼。没有惨烈的场面，却告诉人们，第八盏矿灯的主人已经遇难。

展览中还有一幅同样大小的作品《享受阳光》，画的是一群矿工下矿井前偎在墙角晒太阳，情景与《第八盏灯》截然相反，温馨、祥和、欢愉。张自申说：“我这是要呼吁生命的可爱、可贵。要珍惜生命，尊重生命！”

画展中张自申站在他的作品前，思绪仿佛又回到了在井下体验生活的日子：“画每一个人，我的心潮都久久不能平静。”在画展的前言上他写道：“献给读者和中国矿工及矿难中死去的弟兄们！”当许多画家都在忙着瞄准拍卖市场讨好市场或是为艺术而艺术强调自我感受时，真实地反映现实、反映生活的作品，在这个追名逐利的社会中似乎不太讨好。也很奇怪，和大众贴得最近的却被称为“边缘”。

面对矿难，有良心、有社会责任感的艺术家能做什么呢？艺术家不能沉默。早在三十年前，张自申就曾多次带学生下矿区体验生活写生，并创作了当时一幅有影响的作品《争分夺秒》。2005年，全国矿难接二连三发生，悲剧不断上演。张自申再也坐不住了，他不顾骨折尚未痊愈手伤犹痛，决定到北方某煤矿写生，创作大型矿难主题油画。三十多年前下矿写生、体验生活时，矿工们的艰苦劳动和无私奉献曾让他感动。现在矿工们怎么样了?

刚开始时，煤矿方面热情地接待了他，后来得知他要创作矿难题材作品，不禁吓了一跳，连连要求他千万不要将这里的煤矿画进去。

下矿前，张自申阅读过一些矿难的资料，脑海中浮现的画面：有遇难者、有抢救者、有家属、有领导、有不法私营的矿主等，人际间的矛盾、冲突，组织了一个壮观的悲剧性场面。

当张自申在煤矿的矿井口迎接一个个从地下煤井上来的矿工们时，他的心跳陡然加快了，矿工黝黑的脸膛粘满厚厚的黑煤，陈旧的帽盔、满身煤灰破烂的工作服、脖子上挂着染成了黑褐色的毛巾、颈上或头上挂着一盏已经关闭的矿灯。他们走出矿井时就像一群高大的黑色雕塑，令“我立刻想到了罗丹辉煌的英雄纪念碑组雕《迦莱义民》”。

这个印象太深刻了，于是，构思变成矿工群像，构思出七个矿工和八盏矿灯。《第八盏灯》从构思小稿到完成画作历时半年之久。

画中有两位人物的姿势怎么摆也不合适，2006 年春节后，张自申再度到煤矿去写生。偶然在井口旁遇到马上要换班下井的一群矿工，他们靠在墙上正享受着冬日的阳光，他们那怡然的神态，与在黑暗的井下危险艰辛的劳动形成鲜明对比，于是就有了这幅《享受阳光》。

著名美术评论家王仲以“艺术良心在胸膛中跳动”评价张自申《第八盏灯》的矿工系列油画：“用艺术创作回应人类命运的苦难和解脱，唤起人们对假恶丑的憎恨和对真善美的信心，借以推动社会意识不断进步，这正是我们这些具有人道主义良知的艺术家的本能和天职。”

2006 年 2 月张自申第三次去煤矿，他把完成的作品拿给煤矿领导提修改意见。领导说：“《享受阳光》可以发表，《第八盏灯》就免了吧，现在这样画还不到时候，当心你会有麻烦的。”

张自申说，他还要深入一些小煤矿采风写生，继续画出一系列矿难题材作品。有条件的话，争取到各个矿区巡展。

此文原载于《国际艺术界》，2006 年 7 月 20 日。

真实·诚实·朴实
——张自申油画作品集序

刘传铭

就艺术观念而言，我们今天生活的时代大概是一个空前复杂又具有无以伦比包容力的历史空间。就在许多人为急速变化的世界、为花样翻新的艺术模式和绘画风格而惊奇、而慌乱、而来不及思索的时候，就在那些博大灿烂的文明在和现代狂潮博弈中急剧瓦解时，就在那些令人敬畏的经典被戏说、被恶搞、被抛弃的时候，就在许多人沉溺于欲望的漩涡看不到生命航标和前进方向的时候，就在艺术的本体价值在市场之手的操控下翻云覆雨、颠之倒之的时候，就在绘画悖论式地呈现着表象的繁荣而实质消亡的时候，有一个人却似乎完全不顾这一切，而是锁定了自己真实的生活、诚实的品格、朴实无华的艺术风格，一如继往地画着山川、河流、房舍、水巷，画着皖南的黑瓦白墙和生于斯、长于斯的寻常人家。他孜孜不倦地在油画布上揣摩着物象的结构、精神的浪漫，孜孜不倦地思索着印象主义前期和后期的本质区别，孜孜不倦地表现着自己对绘画的探索和对生活的理解。

这个人就是张自申。

1933 年生于上海的油画家张自申，45 年前毕业于中央美术学院油画系吴作人先生工作室。在严谨写实的欧洲古典画风熏沐之间，在安格尔《泉》水潺潺的滋润和德罗克洛瓦激情红旗的招摇鼓舞之间，在严格的契斯恰可夫体系训练出的手眼之间，在列宾《伊凡杀子》指缝流淌的鲜血之间，在《伏尔加纤夫》沉郁悲沧的歌声之间，张自申曾画出了一系列反映人民生活和中国历史题材的油画作品。不久前，张自申又深入到地心深处，去画了一组题为《第八盏灯》的反映煤矿工人题材的“不合时宜”的“主题性”绘画，当这些作品在中国美术馆展出的时候，正是这些不该被淡忘的浑身污渍与黝黑的矿工深深地打动了读者。几乎所有的中国国家级博物馆都收藏有张自申的绘画，这不仅仅是一份殊为珍贵的“大满贯”式的荣耀，同时又是对张自申绘画价值和艺术成就的充分肯定。

对于画画的人来说，画得精准具体不容易，但不僵腻、不呆板同时又整体和谐就更不容易；画得生动而又激情满怀不容易，但能够深入进去，又能不事张扬地把个人风格和全部情感融入其间就更不容易。张自申的油画之所以耐看，之所以会有持久的生命力，就是他做到了这一切。无论是作为艺术教育家还是作为画家，正是一个“实”字使他赢得了人们的尊敬。

张自申是快乐的。他印证了中国人的那句老话：老实人不吃亏。

此文原载于雅昌艺术网专稿，2007 年 9 月 28 日。

直面现实 拷问良知

——写在"不能忘却——张自申、徐唯辛油画联展"之前

李向伟

在今天这个"读图时代"里，我们被泛滥的图像包围着。虚拟的图像遮蔽了我们的眼睛和心灵，使我们几乎忘却了现实的本义。人们看惯了广告中的香车美女，看惯了文人笔下的闲情逸趣，看惯了拍卖会上的画价升沉，麻木的心，早已不再感动。

然而，就在这样的情境下，我们"遭遇"了张自申、徐唯辛两位先生的画展。巨大的画幅、黝黑的形象、凝重的笔触、逼人的目光—— 画面中一尊尊血肉之躯，以其强烈的真实感和巨大的视觉张力，撞击着我们耽于享乐的眼睛，拷问着我们久已麻木的灵魂。两位艺术家以他们的道义和良知，提醒我们反思一个久已被遗忘的问题：艺术何为，艺术家何为？ 面对我们周遭并不完美的社会现实，面对那些在社会底层为生存而挣扎的苍生百姓，我们手持画笔的艺术家们，还能为他们做些什么？关于这一点，张自申、徐唯辛两位先生用他们的画作，给出了一个发人深省的答案。

张自申先生是我大学时的老师，也是我素来敬重的艺术前辈。先生早年即以《强渡天堑》等大型历史画闻名于世。阔别多年后，没想到年逾古稀的他竟拿出这样一批以矿工为主题的巨幅画作，令世人为之一惊！读罢先生的创作笔记，才明白先生固有的刚直秉性和悲悯情怀。先生自 20 世纪 90 年代退休，迄今已逾 10 年，本可以其清闲之身，徜徉于山水间，作风景画以自娱；或以其精湛的技艺，画些商家青睐的作品。然而，2005 年频发的矿难，竟引起他" 撕心裂肺的痛"，他忘记了自己已逾古稀的年龄，强忍着骨折未愈的伤痛，在巨大的同情心与强烈的创作欲望的驱使下，来到北方某矿区，发誓要用自己的画笔，为那些死去和生还的矿工兄弟们写照，他以这批作品表达对社会丑恶现象之鞭挞，和对那些卑微而伟大的生灵之讴歌。作品中透射出的现实主义力量和人道主义精神，深深震撼着每一位观众的心！

徐唯辛先生是我国当代优秀的写实主义艺术家。和张自申先生一样，徐唯辛先生也对社会底层的劳动人民充满深切的关注与同情。多年以来，他一直坚持现实主义艺术道路，其代表作《镶房》、《酸雨》、《工棚》等作品以其精湛的技巧和深刻的思想内涵称誉画坛，成为我国当代写实主义的经典之作。此次展出的"2005 中国煤矿纪实"系列作品以及表现城市民工劳动、生活的油画，体现出作者对城乡差异和农民工生存状况的关注，以及对这些现象背后的深层社会因素的思考。而他采取的巨幅肖像形式，亦同样给人以强烈的视觉冲击与心灵震撼，使我们以一种非常态的视角，重新解读这些平凡肖像背后所蕴涵着的质朴、浑厚、博大与崇高的情怀。

此次两位艺术家的作品联袂来江苏展出，为我们提供了一次近距离观赏油画原作的绝好机会。展览的主题及其写实主义风格，也与近年来江苏省大力倡导的现实主义甚为契合。相信这批饱含着艺术家真挚情感和博大情怀的优秀油画作品，定能

给我们带来强烈的震撼和深切的感动，并为江苏的艺术家们如何坚持现实主义的创作道路，提供有益的启发和借鉴。

此文原载于《画刊》，2007 年第 6 期。

人望年高树望春

——敬语自申前辈

李 超

已是初冬，却因为一次热切的交谈，顿感春意的邂逅，那是久违的真诚，在画室间洋溢。30 年前的话语，历经光阴积淀，保留着 20 世纪后期学院艺术的多重回忆。资深油画前辈画家张自申先生，为之诉说得如此亲切而投入。画家揣怀着一颗炽烈的自然之心，与我们“近距离”地叙说着我们本已经感觉“远距离”的艺术故事。这远近之间，映衬着我们大概已经异化的物欲和功利之心，提醒我们已经部分失落的艺术“真诚”，那是掩埋在那一代艺术家心魂之间的神圣之光。

一句重阳敬老俗语油然而生，“人望年高树望春”，代表着我们对于这位长者的祝福无限。

最初认识自申老师的时候，张老师与我现在大致同龄，刚过半百春秋；而今 30 年后，自申老师已入耄耋年高之际，依然保持旺盛的才情和思绪，活力望春。这应该是画界福音。出生于 20 世纪 30 年代，如今这一代艺术家，已经成为历史的财富和文化的精英，赢得我们后学的尊重。

张自申就是 30 后的其中之一，他们代表着海派油画的历史转型，形成了上海油画在全国范围的历史聚焦。20 世纪前期的表现性探索的基因依然存在，在经历 20 世纪中后期的主题性艺术影响之后，写实绘画在 20 世纪 70 年代后期、80 年代初期的上海画坛仍是需要完善和突破的领域。当年张自申、廖炯模、陈均德、孔柏基、缪鹏飞等 30 后艺术家的创作，逐渐形成了上海绘画语言探索的多元化格局，是上海绘画的成功和复兴的希望。他们拥有娴熟的写实技法，但不同于传统的古典写实，渗入了现代生活的观念、情绪和直觉，用笔的节奏感和空间的象征性，都意味着写实形象向形式语言的多种过渡和转换。

20 年前，事缘《上海油画史》的写作，逐渐使我关注张自申的油画创作。那组四方联的《荷花》，令我动情和难忘。其实，那时我完全可以选用他的主题性的代表作品，如《强渡天堑》、《黄山深壑》等，但是我以为自申老师更有艺术传神和经典的“另一半”，情有独钟的正是那风韵别致的《清风》佳作，其完成于 1986 年，那就是在自然景物之间，所蕴藏的油画造型与色彩的非凡造诣，在没有主题依托之下，依旧笔法有致，形构有意，风采照人。

甲午年间，我曾经受彭小苓老师热情安排，有过两次青浦之行，使我再次接近张自申的创作。画室访谈之间，使我基本了解到他的所谓“双轨制”的创作计划构想，即主题性创作与抒情性创作并行推进，形成相关系列。2006 年，“张自申——《第八盏灯》矿工系列油画作品展”，形成了其近期主题性创作的一个高峰。倘若“矿工”系列为前者，则近时四季、花卉系列为后者，虽然不是张自申同时代的风云之作，有如“矿工”系列，以主旋律的艺术震撼，赢得嘉誉，但是呈现着画家艺术心路历程之中另一种关于形式意味的主题，同样彰显艺术家的功力。画面情境犹似融化冰雪的初春，穿越而立与不惑，感知天命的精神豁达，与此相关的是现实主义的形式探索。

犹如冰河之中涌动不息的暖流，春意将至，这是自申老师的故乡，这股暖流在此升腾。从中央美院到安徽师大，再到凯旋路 30 号最初的上大美院，多少作品和文献的片段，穿越时空，述说着这坚守架上艺术的前辈的风雨历程。自 20 世纪 80 年代以来，张自申作为一位具有资深学院派背景的艺术家，在近半个世纪的艺术创作生涯中，始终坚持以叙事主题性油画为主导的绘画创作风格，从中思考着写实绘画语言的新的转型和追求。同时，张自申是讲求古典形式完美的画家，他要把丰富而细腻的色彩语言，伴随着他的感情和诗情的波动，体现为画家所营造的笔下各类生动的人物形象。今天，张自申的创作，多以其系列化的构思，尤其是他近时的荷花系列和瓶花系列，表达出一位东方艺术家对于西方古典艺术新的理解和探索。

人望年高树望春，年高自申，其笔下自然之树依然春意盎然

那非凡的“另一半”，在自申艺术的年高之期，继续呈现着“绘画的革新”和“视觉的变貌”的亮点，成为其艺术的华彩乐章。我自信艺术的成功是不取决于题材的，而在于艺术语言和技巧的非凡所致。但是静物在非凡的画家眼里，却不知觉地超越了题材所限，让人们可以在最简单和朴素的范围里，领略艺术家创造性的智慧和才情。然而，日常器物、水果花饰，本是无主题的对象，但无主题决非无生命，因为它依然活着，所谓“Still Life”之谓，其实是在于真正激发艺术家向往生命的激情。画家的基因里应该天然地具备移情的敏感，这样其笔下的静物才能唤醒自己，并感动观者，去共同感受笔下自然之树里生命的跃动。

眼前是自申先生的近期花卉之作，皆具大家风范。倘若解析探索其中堂奥，无疑涉及架上绘画艺术中诸多富有意味的实践命题。在中国当代绘画的历史进程中，学院派的写实题材同样经历了油画语言的转化，而赋予写实图像新的创作理念。从苏派风格到油画民族化的尝试，风景和人体等学院派写实图像，在油画主题性创作的主流中，一度失却了其应有的艺术趣味和风尚，发展到 20 世纪后期，风景和人体类型的油画创作，逐渐摆脱了原有的小品性的或者习作性的局限，而开始显现绘画语言独立的审美趣味和价值。其中一个重要的缘由，是传统文化思想中写意精神的复归，以此为主导思想，启发着诸多艺术家进行相关造型语言的深度思考。

张自申作为资深的中央美院学院派背景的名家，学成于 20 世纪 50 年代，与其

他 30 后画家一样，共同面临着如何从苏派风格中转型而出，使扎实的写实技巧和现代造型的观念得以嫁接，这对他们而言都是艰难的择取。他们艺术工作的初始，往往是在现代观念和传统技巧之间，找到一种折中的契合点，以体现绘画写实技法的优势，而淡化其形象的对应和主题的渲染，并由此嬗变为形式创意的载体，这似乎成了这一时代画家们不约而同的趋向。从“形象的绘画”走向“绘画的形象”，他们从学院派传统转向新的艺术观念和形式的拓展，常借助于静物和风景等的具象模式，进行形式美的多方位尝试。

张自申于近年创作的多种瓶花系列，可以视为其古典油画探索方面的心力之作。色调沉郁，用笔厚重，在稳定的画面构图中，表现出花卉的花蕾、花瓣、枝叶、瓶物等多种具象色彩与图形的生动表现和描绘，再次证明了画家扩展绘画的既定题材范围的真正用意——赋予古典油画语言以新的形式美感，这种美感渗透着东方人独到的智慧和感悟。在张自申创作的自然景物之间，潜藏着细微的色彩变化和生动的笔触：形象之中轮廓线条的构成与对比，形成了丰富有致的节奏变化；对象在阳光和阴影的变化造成了色彩表现中丰富的冷暖对比和纯度与明度的对比关系。——艺术家沉浸在这样一种具象与非具象的造型语言的微妙转换过程之中，他需要凭借着自己的经验、阅历和判断，对油画艺术进行独特的视觉实验。

对于具象造型元素的再造，张自申自有心得，其通过抒情性油画探索进行创造性解读、重构和变体，幻化出属于画家内心独特的自由和单纯的想象之物，光色变化之间，色彩有如旋律一般在空间中展开、延伸和闪耀……这种抒情性油画之道之所以吸引画家，是因为花叶造物作为一种常见的艺术母题，存在着诸多形式变体的可能。画家在形式语言的创造之中，试图借用肖像题材油画中传统图式因素，置换其中古典的内涵，并进一步显示油画形式语言新的结构方式和表达方式，实现图式方面的人文内涵的再度架构。画家能够将艺术经验中的关于形式语言的自由创造注入其中，使画面的传统写生的主题变成为图形与色彩组合的新创作主题，实现艺术语言的新架构。

人望年高树望春，高在天人合一，春在写意情怀

张自申的抒情性之作，常常实施两种构思：一是根据自己对于东方文化意象的感受，依据相关形象素材资料，重新表现四季系列的诗意；二是以日常生活所见瓶花为蓝本，再现其中特有的色彩和光线。空间在留白的意象中铺展，枝条似墨线顿挫而穿行，又如藏锋之势，使得夏荷和寒梅，被墨韵般的布陈，显得风致绰约，春

风和冬雪构成文人画的意象符号，聚合着画家对于传统回归的一往情深。——相关四季之作，被张自申赋予写实绘画以某种新的写意性，尤其是那荷叶的依偎和梅花的繁茂之间，潜藏着墨的韵调和线的张弛，足见逸笔灵动的放松和挥洒，我们已经逐见其显露出相关抒情性油画探索的新迹象。这是他的举重若轻的生命气质和艺术秉性所为，更是其对于传统文化与西方艺术深入洞察和体验所致。

自申老师试图证明油画的抒情之笔，可绘，可描，更可写！无论是主题创作还是抒情小品，都归结在架上艺术方面的敏锐的探索潜力，其中潜藏着写实绘画语言的新的转型和追求，那就是在形式美的发现和表现方面，通过造化和心象的融合，逐渐寻找新的艺术突破点。在他们所描绘的对象中，尤其寄托着画家的这种生动而细腻的艺术情感，并以此逐渐确定了他的艺术对象。似远似近，如幻如真，基本构成了画家心灵的意象，这使得油画写意富有了深厚的意涵，雅致的图形和色彩组合之间，显现出这位长者深厚的才情、阅历和理想。

因此，张自申近时的另一半油画创作，为我们展现了他对于返璞归真的某种人生感悟，通过独特的艺术视角所发现的另一个世界、另一种架上艺术中的人文景观。今天，我们进入自申老师营造的缤纷花草之间，深入其中尽可解读这些意象和心象，发现作者已经逐渐将生命情感寄托其中，赋予其生生不息的感慨，呈现出艺术家对于这种文明景观的感悟。换言之，画家意图在架上艺术上，赋予视觉造型语言的精神架构。——这是画家写实油画的探索主线，而与之相应的是，关注人类命运和生命状态成为其中潜在的艺术母题。

我们的视线，渐渐地从学院主义的科学智慧，深入到自由造型的形式语言的发展。其中的人文底蕴，使得观众逐渐从画家近似自然的表象中脱离，而再度体验画家所赋予架上绘画所应有的智慧和愉悦，那是可贵的写实结构能力和创造生命意象的形式，并能唤起我们的某种写意性的审美情愫。因此，画家所创造的花卉静物，构成了中国艺术家视野中的一道独特的写意性的人文景观。——所谓“采用中国的遗产，融合新机，使将来的作品别开生面”，这正是这位30后前辈艺术探索的重要价值所在。

人望年高树望春，相信生命中潜藏着伟大的调性。这种调性引领那一代艺术家心魂之间的神圣之光，直到永远……

甲午初冬于千蕖堂

此文原载于雅昌艺术网（作者提供）。

第三章　艺术访谈

行政、艺术与上大
——许承兴采访记录

许承兴

Q：我们现在知道很多关于张自申老师在安徽期间的事情，但是对他从安徽到上海这一段就不知道了。您一直在上海大学美术学院工作，所以我想可能您在这方面比较熟悉。

许承兴（以下简称“许”）：是的，有所了解。

Q：那能请您介绍一下大致情况吗？

许：我就介绍一下，当时是 1984 年，张老师时任副院长，上海大学美术学院是 1983 年 3 月成立的。1983 年，有许多艺术家联名向上海市政府报告，希望在上海建立一座美术高等教育学府，由此政府出台了文件，在上海美校的基础上，引进一些上海的著名画家组建上海大学美术学院。因为当时的上海市长汪道涵，他对上海美校很了解，当时学校也就是老美校，老美校就是原来的上海市美校，又叫上海市美术专科学校，通称为上海市美术学校。组建上海大学美术学院时，是由原任上海人民美术出版社社长李槐之、原美校校长张雪父、徐佩清、徐翰章四人作为筹备组成员，在美院初期曾宣布方增先老师担任院长，不知什么原因，不到一周却又因调任上海美术馆担任馆长而卸任了，在 1984 年底从北京调来李天祥任院长。

1983 年上大美院成立以后，由于种种原因，其中我觉得有很多是个人的成见，没有真正地调动上海老美校这支主干教师队伍。当时因为上海美校是中专，与普通的高校不同，在教学管理等方面还有一点差异性，所以 1984 年初张自申调入上大美院。当时教务处刚建立，他担任教务处处长。没多久，他就调职为副院长（主管教学）。因为毕竟教学管理是学校工作的主体，他原来在安徽艺术学院大工作了很长时间，他是1961年从中央美院毕业，后被分配到安徽，多年在安徽艺术学院工作，所以熟悉高校管理。在校期间与学生的关系相当密切，直到今天很多学生逢年过节都来拜访他。到了上大美院，由于工作性质关系，跟学生的关系相对说要比安徽艺术学院少多了，因为他主要是负责全院的教学管理，没有时间给学生上课。

他刚担任副院长时，学院初建，应该说各方面都要从头开始。由于"文革"原因，艺术教育一直处于休止状态。当时艺术教育刚步入正轨，用模特，特别是人体模特，在"文革"期间是不可以画的。

Q：画画的时候用的是人体模特？

许：对，那个时候上海很多高校都有这样一个愿望，因为美术教育，需要画人体，因此那个时候由上海大学美术学院牵头，组织了整个上海高校联合招聘模特。时有华师大、上师大、戏剧学院，我记得是在我们学校对模特进行招聘面试等。当时报名的人很多，一下子觉得思想开放了。原来是非常的禁锢，不像今天对模特司空见惯了，那个时候真的是非常稀奇。在招聘启示上引用了毛主席的一句话，为了艺术要不惜小有牺牲。我们学校在教务处设有专门对模特管理的老师，这一点我校是走在了当时高校的前列。

美院初建时教务处人手少，事务又繁忙，经常需要我参与一些杂务，然而这里的一段经历让我体会到一句话，就是机会是给有准备的人。本来我是在教务处教具室里面工作的，我在老美校时（"文革"时期），喜欢问东问西，因此对课程安排也有一些了解。有一次张老师叫我排课，我就尝试去做，由于我在美校的办公室曾经与负责排课的陈向老师办公室相邻，对排课有所了解，于是做得很快，张老师也觉得我做得很好，就把我从道具室调出来，从此以后，我真正地开始从事教学管理。张老师用他长期管理的经验来教导我，并不是说手把手地教，而是他在做，我在看，我在做的时候，他指导。虽然这段时间不长，但是给我的帮助很大。我人生的两个重要转折点都是张院长助推的，在1985年，他跟领导班子协商，让我参加美术学院的干部专修科的考试，这改变了我的人生轨迹。

Q：这个通过了后，对您的人生有什么改变？

许：我成为美院专业人员了。1984年，美院第一年招生。设计专业招了14个学生，另外对社会招收的国画、油画、干部专修班，现在的文联主席施大畏，以及我院王文杰、汤宝玲老师，油画系现在的副主任李朝华老师，还有设计系院祖隆老师等，就是那一年招进来的，那时作为上海美术创作、设计基地，上大美院为上海培养了一批人才。我是在 1985 年考进上大美院工艺美术干部专修班的。

当时他顶着各方面的压力，让我参加了那次高考。有一次张院长来跟我谈，他没多说，但我感受到他是有压力的，因为我是一个行政人员，不是一个专业人员，也不是一个专业教师。因此为了这个，他跟我讲清楚考取了要好好学习，但毕业后不许离开教务处，我立即表示同意。

Q：张院长那个时候还在教务处？

许：已经当副院长了。那个时候他进了领导班子里面可以讨论了。因为当时我们的院长叫李天祥，他个人能力非常强。张老师来学校就听到对老美校老师的一些非议，可他对之前的事情并不了解，但是通过接触，是越来越觉得老美校老师是很好的，他们一直在教育岗位上，教育方法也好，教育态度也好，对学校的感情也好，他们都非常不错，都在埋头工作和创作，不惹是生非。在这批老师里，只有应野平老师是正教授，张雪父等老师在社会上都很有影响力和地位，却被评为副教授，然而他们却不斤斤计较，在教学中都是专注认真的，更重要的是他们人品优异，于是张老师的看法逐步在改变。他这个人是非常的和气，他不想督促任何人，他是一个性情中人。

Q：是不是这跟他是从外面直接派下来有关系？

许：张老师来了后，缓和了与老美校的关系，因为他是一个忠厚老实、非常随和的人，能帮忙尽量帮忙，他总是处于这样一个调和的状态中。1991 年以前，上大美院是李天祥领导的。他做好他自己的教学管理工作，有很多东西在逐步走向正规，到了 1991 年的时候，李院长退休了，那么张院长自此就担任美院常务副院长，实际行使院长权责。

我们学院很长一段时间都是常务副院长。包括我们现任的汪大伟院长，有一段时间美院领导坐在一起全是副的，包括中层干部，我们开玩笑说“全副武装”，我也曾当过教务处常务副处长。

Q：那他当这个常务副院长当了多久？

许：当了就这几年，之后就是汪院长了。

Q：继他之后就是汪院长了？

许：对，好像是 1995 年。

Q：那他就是从 1991 年开始做到 1995 年的？

许：是的，1991 年，那个时候李天祥院长还在，还没有完全退，后来完全退了就是张院长全权接上去了。接上去以后，他对整个中层干部这个班子进行了调整，因为一些老师和主任也因为年龄关系退休了，这时一批老美校的老师就接替上去了。

Q：就将他们都请回来了?

许：不是请回来，他们原来就在学校做老师。

Q：老美校组建的时候，不是有一批人就没有带过来吗?

许：那批人不是老师，都是行政后勤人员，比如说食堂、后勤等。那么过来的都不是行政人员，除了像我和一些个别的以外都是老师，当时只有一个中专部。这时老美校有一些老教师年纪大了，开始退休了。这个时候，下面一批的老美校老师，有作为的、有能力的老师，慢慢地也出来开始主持工作了。这时候奠定了现在这个平稳的一个交替过程。

Q：那这批人现在呢?

许：退休了。

Q：全退了?

许：嗯，包括我也退休了，我算年纪最小的也退了。比如说陈家泠、杨艾强等老师，还有其他的教职工都调整了一番，这样也充分发挥和调动了老美校教师的积极性，因为他们毕竟是一支很重要的教师队伍。这个里面张老师因为他的为人和本身的性格，虽然做一个惊天动地的事情是很难的，但是他却能很好地使得事情有一个稳定发展的效果。在那段时期，学生的生源也越来越多，人数越来越大，学校的人员福利问题也有了改善。当时社会已经开放了，开放的初期，当然不像现在这样，如陶片厂及一些的小的产业也出来了，公司也出来了，整个学校欣欣向荣。

Q：能否介绍一下陶片厂的大概情况?

许：陶片厂原来是一个美国老板，当时觉得这个事情一直是对我们学校很好的一个项目。不过，我也不清楚具体的运作，由设计系的李游宇老师去管理，这个陶片厂主要的运作是美国一个姓王的老板。

Q：他是华裔吗?

许：嗯，是华裔。这个老板蛮精明的，他引进这样的项目用于生产女士以及小姑娘用的装饰品。

Q：都是用陶做的?

许：就是陶片，上面做些修饰，比如镀金等。

Q：成品主要是陶瓷吗?

许：就是一片陶瓷，不像花瓶一样大，只是一片小的。

Q：之前有这个陶片厂吗?

许：原来我们学校里面有李游宇老师，是开发瓷器的，现在在上海非常有名，叫做“汉光瓷”。

Q：是的，确实很有名。

许：那个时候他在我们学校里面做老师，他是中央工艺美院陶艺专业毕业的。既然是陶艺专业，学校就要发挥他的作用。陶片厂项目是张院长通过其他渠道进行了联系，就在这样一个条件下，在美国进行销售。当时王老板就跟我们谈好价钱，这个陶片厂就成功运作起来了，对于我们学校而言，是多了一个产业，老师设计、工人制作。具体的运作情况不太了解，但是确实给学校带来一些经济收益。

Q：陶片厂是因为这个项目才建的是吗?

许：当时是由于这个项目才建的，本来是没有的。总之，这个时候，我们学校里面还有很多的公司，可以说很热闹，张老师在他担任学院主要负责人的时候，做了大量类似这样的工作，这些公司的业绩，在当时确实比较显著，而且对于老师来说，有项目可以带动专业的发展，同时，在材料方面使你又有新的了解，实际上也是给教学带来一定的帮助。

Q：这些老师在校外接到项目，然后在公司里面做，是采取与学校进行合作的模式?

许：不是，就是学校里面成立公司，为什么呢? 如果没有公司，承接外面的项目是很难的。有了一个公司运行起来相对来说就方便了。运行起来后，这些公司每年要给学校上缴费用，学校鼓励他们运行，最后是集体拿大头，个人拿小头。

Q：等于是学校投资?

许：学校有的不投资，有的有投资。这样弄了以后，整个学校应该说是热火朝天的。教学依旧教学，创作依旧创作，实际上也是时代的创造，因为公司本身要根据市场需求而运作。我觉得是很好的方式。因此，在接下来的工作里，有的产业更好地提高了，有的则是加强了，有的却萎缩了。总的来说，陶片厂也好，公司也好，应该说把上海大学美术学院逐步地推向了社会。因为我们一个学校在社会上的作用，除了艺术作品，对外而言，正如现在我们的公共艺术在社会上产生的影响一样。就像汪院长这两天在澳门，还有邵捷老师，他们也是在扩大我们的影响，在当时是起到了一定的作用。过去是都在学校里面，社会上只看到你的作品，看不到其他，那么这个就能够看到学校的另一面了。除了作品以外还有什么呢? 这是为社会服务的一面。总之，这对教学是有一定帮助的。

再介绍一点，在 1988 年的时候，当然那个时候李天祥院长还没有退休，张院长他担任了我院夜大学成人教育第一任校长。我当时在他下面一个成人教育办公室里工作，成人教育处处长是孙心华老师，后来调到教务处担任处长了。我正是在这个时候到由张院长起头创立的夜大学的。后来在他的领导和支持下，特别是 1991

年后，夜大学的规模，在当时可以说是比整个学院里面本科和中专加起来还要多。

Q：就是夜大学的学生规模是最大的？

许：1988 年、1989 年到九几年的时候就大办，那个是爆发性地、大踏步地前进，那个时候整个学校夜大学是比较兴旺的。

Q：那时候突然间人数增长是有什么原因吗？

许：原因就是领导（张院长领导时期）的支持，任意院长退休后担任夜大学的校长，在任先生的领导下，夜大学有了很大的改观。实际上夜大学当时培养了一大批人，在社会上有一定影响，甚至还要大于本科。当四年本科还没有出头的时候，他们却已经有点“豆芽”了。你给了一个机会，他就长出来了，所以这点张院长是同意我的看法的。我和他说这个必须要办好，你不办，那就只能别人来办了，所以在当时上海很多出名的画家，是从我院夜大毕业出来的。在这个方面，张院长的支持使我的工作有了很大的起色，当然作为我来说，我也非常喜欢教育管理，都是夜大学的教学管理为我后面的教学管理奠定了一个很好的基础。因为我喜欢挑战，同时也得到了他的支持，比如说残疾人教育服务，虽然在他手上没有开花，但是至少说他已经开始关注了。我们学校办了一个聋哑学生的大专班，这个是为社会服务，也是为了残疾人的教育，也是大家比较关注和关心的事。残疾人是一个弱势群体，办残疾人大专班是给他们创建一个深造的机会。后来我们有本科了，这个在全国是第一个的，国家教育部第一个批给我院一个独立考试的权利。

在上海市委支持下，专门打报告给教育部，这个特殊教育是给到了国家教育部，去了以后国家残联也非常支持，批下来是全国第一个本科教育，还引起联合国教科文组织的重视，因为在全世界都是没有的。

在夜大的时候，张院长对我很信任，让我大胆地去想去做，因此我后来敢去接受各种挑战。可以自豪地说，除了幼儿园的管理经历，其他的教学管理我都涉及过，而且能够自己总结经验。还有一点，张院长对老师非常尊重，也听取他们的意见。特别是他退休以后，有了时间画画，那个时候是纯粹的画画。

后来夜大结束了，同时我们也都退休了。但是整个上海很多的老师都很怀念，你问问胡建君老师，很多老师都非常想念我们夜大。夜大学第一点是人情味很重，而且夜大的学生和我们的管理人员融为一体，虽然这个地方不是很大，但是其乐融融。大家在一起非常和谐，这一点在某种程度上，也是由于张老师对我的影响。为什么呢？我平时受他的影响，从他身上，我看到他对老先生也好，对其他人也好，都是非常的尊重。就举个例子，俞子才老师，还有乔木老师，他对他们都非常的尊重，以一个弟子的身份，像学生的身份一样对老先生，这些方面实际上也得到了老美校的老师的肯定，大家公认他是一个好人。没有说到他能力强，但是他不是叫能力强，他是不善言辞，你叫他讲得很精彩，他是讲不来的。

Q：那后来他推行学分制是怎么回事?

许：学分制实际上在我们上大美院有一定的难度，因为上海大学在推行这个之前，大家都对学分制的意识不是很强，而且因为我们习惯了学年制，到了学分制的时候，也很想去推。因为学分制做起来的话，对学校是一个大变革。以前学年制就是按部就班的，就按照这个过程进行，但学分制学生的自由度就大了，对老师的工作强度和压力也大了，在这个方面推行是推行了，但是最后实行起来有很大的问题，所以学分制到最后，就是说我们讲的是学分，可实际上还没有达到完完全全的学分制。

Q：当时他推行的学分制是一个什么样的形式?

许：他是想扩大学生的自由度，就是学生可以自主地选择老师，让老师在其中也有一定的激励，这是一种激励机制。

Q：他是说进来的学生，只要是美院的所有专业都可以打乱以后再选老师，是这种选择吗?

许：是，但是操作起来有很大的困难，当时的设想是在学校里面成立工作室。比如说油画有油画工作室，油画里面有几个老师，选择老师学习，根据当时的学习情况给予一定分数，同时，还可以跨学科、跨专业进行学习，学生可以选择自己需要的学。有利的一面是学生选课自由，不是一进校就直接定下方向。比如说如果学了一段时间的油画，认为雕塑更好而去选修，在雕塑选修的过程中，觉得自己的兴趣度越来越强，老师对他的认可度越来越高，这个选修的专业就可以作为你的主业，就像副业变成主业，主业也可以成为副业。当然这也是不容易的，这是他的一个理想，现实中很难实施。

Q：现在美院不是也在实行学分制吗?

许：现在已经实行了，现在实行的是新上大的，是新上海大学统一的。上海大学从 1994 年，四校合并后才开始。是钱伟长校长，推出了学分制，现在学分制是从强制性的要求进步成为今天这样，当时张院长推行学分制，对后来实行学分制起了一个很好的基础作用，包括课程折算学分等。

Q：感觉您并没有退休。

许：我是 2012 年退休了，实际上晚退了一年，我主要是做国际交流，我为什么最喜欢它，我不懂外语，但是汪院长鼓励我办。2010 年的时候，根据汪院长的指示，还和法国南特大西洋大学合作。

Q：除了这些学校教育管理上的事情，张老师之前还做过一个手工艺博览会?

许：是叫做民间艺术博览会，办了两届。

Q：第一届是《解放日报》办的?

许：两次都是跟《解放日报》合作。第一届在上海美术馆，当时的美术馆在南京西路，在上海引起轰动了。那个时候是邀请了全国各地的民间艺术家和民间收藏家来沪参展，其中我也出去收集民间工艺品，我跟李晓峰老师出去过好几次。

Q：第一届你们就出去了吗?

许：都出去过，第二届民间艺术博览会在上海展览中心，比第一届相对小一点，但是影响很大。这些东西平时我们看都是很普通的,想不到它是一个艺术品,像剪纸、窗花、脸谱、面具，还有各种各样的，包括西藏、贵州的，所以我们学校有一段时间收了很多民间艺术品。

Q：这些东西在哪儿?

许：有部分是个人买下的，类似便宜的剪纸之类的应该是在学校里，但其他是不是还在学校，就不得而知了。

Q：现在不知道在哪儿了?

许：在学校我所知道的，好像当时也收藏的，就是收藏了这一批，第二届也收藏了，我们还跑到安徽去，一个花轿觉得不错，就提出把这个花轿运过来。可是他们提出了运输费用问题，当时经费很少，不像现在可以来沪展出。

Q：都是个人跑过去跟他们联系?

许：不，当时就是发各种各样的邀请函。

Q：是从学校这边走?

许：从学校这边走，还有在《解放日报》上宣传，他们有一个宣传口，我们这里主要利用我们学校的这个。

Q：平台?

许：不是平台这个认知。因为我们觉得它是艺术，《解放日报》不一定觉得是艺术，到我们嘴里什么东西都成了艺术了。但是《解放日报》的宣传，丰富了人们的生活，让人们知道这个就是艺术。比如说小孩子的虎头鞋等，这个也是艺术，我们要珍惜。

Q：真的民间艺术怎么说，到最后就是收藏?

许：因为他们的东西太多了，这也是属于民族文化的表现，因为老百姓想喜气洋洋地把心里的一种愿望通过这种特有的形式表达出来，弄好了也是艺术，怎么说呢? 它是表达了一种心意。

Q：那么后来社会反响是不是特别大?

许:社会反响很大，因为大家关注了这一点，至少某一些人觉得这个是民间艺术，过去人家不理解，觉得这个东西就是破烂货，现在很多人都在收藏各种物品，如雕板等。

Q：然后还有一个项目，就是他跟日本大阪一个学校的交流，是怎么回事？

许：的确是这样的，丹麦也有一个学校，好像是和丹麦皇室，那个时候是没有现在这么多渠道的，大部分是靠关系比较好的私人牵线。最主要当然还是张院长个人的魅力，他为人随和，很容易交朋友。作为政府或许并不一定会有这条线。丹麦皇家邀请我院组织老师的作品展出，最后这个展出非常成功。另外一个就是日本，日本原来有一个房地产老板，那个时候日本的房地产是很好的，所以日本人那个时候口气很大，他们一下子买了很多作品，现在很多都抛掉了。为什么呢？因为日本经济一下子下来了。那个时候日本有一个老板叫做天河久治，这个老板也算是比较友好的。他对中国的文化比较感兴趣，也希望在日本做些推广，通过他人到我们学院联系，由学院组织老师的作品到日本展出。在日本有一定的影响，后来这个老板破产了。

Q：他是不是房地产老板？

许：后来日本房地产泡沫破灭了，他的整个经济垮了。这段时间，张老师就在这里面起了很大的作用。虽然李天祥是里面的总负责人，但是人家最认可的还是张老师。

Q：天河久治是怎么写的？

许：天是天上的天，河就是河边的河，长久的久，治就是治安的治。李天祥是参加了到日本的展览，真正的组织工作是张自申。

Q：这个也是 1990 年、1991 年的事情是吧？

许：差不多是这段时间，那个时候学校总的纲领是要宣传，与国外的交流要加强，实际上就是，现在也是，加强国际交流，那个时候已经想去交流了，很想做好这个事情，能够把美术学院与其他国家进行交流合作。

Q：那当时的大阪艺术大学是什么回事？

许：大阪艺术大学与我校的联系是因为大阪和上海是姐妹城市，两校本身就都有这个想法。我记得我这年毕业，是 1987 年，和他们共同进行在上海美术馆的展览。毕业作品展览的时候，大阪艺术大学他们的设计和我们的一起展出。那么说明那个时候已经和大阪艺术大学建立起了这样一个关系。但是这个事怎么成立的，我倒不是很清楚，但是上海和大阪本身是一个姐妹城市、友好城市，这两座城市里面，最有代表性的艺术教学单位，只有这两个学校，一个上大美院，一个大阪艺术大学。在上海大学或者其他部门或者市政府支持下，我们建立起了这样一个良好的关系。应该说大阪艺术大学和我们学校合作关系是这样的：你来我往，你今年来，我明年去。

总而言之，我是很感谢张老师，是他给了我这样一个发展的机会。就如前面所说，两个关键点：一是他同意我进入美院专修班；二是，他任命我担任夜大负责人，这两件事彻底改变了我的人生。

以公不为私
——林加冰采访记录

林加冰

Q：希望您能简单介绍一下您和张自申老师之间的关系，包括怎么认识的或他对您的一些帮助，然后您对他的评价？

林加冰（以下简称“林”）：好的。张老师是我过去的一个启蒙老师介绍的。我在蚌埠的时期结识了高泉，他们两个是中央美院的同学，经过这个关系知道他在安徽师范学院做老师。那个时候是在“文革”后期，高校正在招生（第二届工农兵学员）的时候，我恰好到皖南出差，路过芜湖，并去学校看看他，结果聊天中知道马上要考试了，我问他是不是可以考试。他讲没问题，抓紧去报名。

Q：那个时候是在合肥？

林：学校在芜湖，我在蚌埠工作。我回去报了名，参加了考试，入学后他就成了我的老师，我们的认识就是这样一个过程。在大学里两年半的学习，一直是张老师带我这个班。

Q：张老师是带油画班吗？

林：我是油画班，这个班就是张老师带。两年多的相处增进了不少感情，关系也就熟络了。张老师这个人有些豪气，比较仗义，虽然是上海人，但是在北京中央美院学习过，也有北方人豪爽的气质。毕业创作的时候，我们跟张老师一起在长江驳船上生活了大概有半个多月（体验生活并为毕业创作收集素材），这样使我们的感情更深了。毕业的时候我因被扣上走“白专道路”的帽子而没有留校。

Q：这是哪一年的事?

林：1974 年。

Q：是“文化大革命”时期?

林：后期。我没留下来后，回了蚌埠。后来借调到省里面搞军史画创作，张老师也是这个创作组的，又在一起了。在这个期间，我创作了三幅作品，分别是《浩气长存》、《人桥》和《矿工》，创作完成后，学校又调我回去了。

Q：这大概是什么时候?

林：1978 年底。1974 年毕业，1975 年、1976 年搞创作，1978 年的时候调我回去。那其中肯定是张老师起了主导作用，调回学校我们就变成同事了。张老师在中央美院的时候是吴作人工作室的，既是苏派又是欧派。他的绘画和艺术思想对我影响很深，他的创作思路和绘画风格则更多属于苏派。刚进入大学时，我就已经在班里是佼佼者了。

Q：您之前有过绘画功底? 在那之前您已经学了多少时间的绘画呢?

林：对。跟高泉老师也有几年，那时候主要是看他画画，受到熏陶，算是我的启蒙老师吧。

Q：是什么促使您去考的，就是因为见到张老师?

林：过去一直想上学。第一届工农兵学员张铁生交白卷，第二届设立了考试，将一张彩色宣传画转画成黑白的，比较简单。入校前我就已经很优秀了，进校之后，我跟其他同学差距比较大。张老师对我很关心，给我的熏陶也比较多，主要是追求艺术的气质、艺术的感受这些方面。学习绘画艺术，本质的东西不光是基本功，还应有一种艺术的气质和灵气，他对我的熏陶就是这些方面，讲话也非常简单明了。

Q：他会替您改画吗?

林：改过。平时比较少，一些创作的时候给我改过。当时我也是高材生，各方面的表现都比较好，后来我们俩还合作了一张作品。

Q：那您调入大学以后的这段时间和张老师相处了多久?

林：大约有五年吧，后来他调到了上海大学美术学院。

Q：那您什么时候来上海的?

林：我是 2002 年到上海的，那时候他还在上大美院任职。

Q：但是中间这段时间，你们还有联系吗?

林：有联系，我经常去看望老师。

Q：就是您经常来上海?

林：对，经常来上海，去拜访他。

Q：您来了上海以后，你们之间有艺术方面的交流吗？

林：平时偶尔谈一下。

Q：也就是谈了谈？

林：对，感情比较深厚。

Q：因为我们之前采访过徐伟德，我不知道他是不是跟您一届的？

林：他比我低一届。

Q：他说张老师平时与大家关系都非常好，你们这种具体的生活细节，能不能跟我们谈一下？

林：他们两个的关系好，主要因为他们都是上海人。还有一点，张老师这个人朋友比较多，比较义气，跟大家在一起交流，彼此建立的关系比较深厚。他跟他的关系我觉得比我还好。但是不能说他对哪个特别好。

Q：那个时候张老师从上海到了安徽，等于是把家安到那边了，那时候的学生肯定是以安徽本地人居多？

林：对，也有上海的。因为当时上海的下放知青较多，也在那边考的大学。

Q：那个时候他跟安徽学生的关系怎样？

林：总的来说，都比较好。

Q：都比较好？

林：对。

Q：因为张老师毕竟是从北京过来的，他上课的方式有什么特别吗？对比以前你的启蒙老师有什么不同吗？

林：高泉老师的上课方式，基本上是他画画，我们看。

Q：你们也画吗？

林：没画。我那时候年纪不小了，二十五六岁，但是对美术的认识还是不多，比如说黑白灰。看高泉老师画画，我们才知道这个是主要的。跟张老师在一起，就是谈谈艺术上面的，如谈提高艺术境界方面比较多一点。

Q：我知道，您说您一进学校已经是佼佼者，您之前是不是跟启蒙老师有过一段时间的学习？看启蒙老师画，然后回去自己也画？

林：是的，我自己画。

Q：然后画完了以后，正好考进来就开始正式的画画？

林：对。

Q：那个时候张老师教您的是素描还是色彩？

林：素描和色彩都有。素描还有另外一个女老师。

Q：张老师主要是教色彩？

林：是的，主要是色彩比较多，我的素描老师是一个女的，身体不太好，常常叫我帮忙带同学。因此我变成一个小老师，我的素描是公认的。张老师讲色彩上面还要努力，我跟他出去写生风景，心里是非常羡慕和着急，张老师风景画得很棒，这是我一个欠缺的地方，出去写生什么的，都很努力。

Q：那您对他的创作有什么评价？

林：他的作品属于体制内容，主题性创作比较多，军史画创作时我们在一起，同时也给我指导。

Q：他到了上海以后又返回安徽画了一系列煤矿工人的画，您当时是在安徽吗？

林：在安徽师大。我们在学校的时候就去矿山写生了。我过去画了一幅《矿工》参加了华东六省一市展，又在中国美术馆展出，并在《美术》杂志发表了。

Q：您原来也画了一幅？

林：是的。

Q：你们一般去哪？

林：淮南煤矿，后来我自己也去淮南、淮北煤矿。

Q：是您跟他共事的时候去写生的吗？

林：共事的时候合作了一张。

Q：那是什么时候？

林：是 1978 年。没回学校之前我画了一幅。

Q：1978 年，你画了一幅《矿工》？

林：是的。他过去写生多。我调回学校后，他同我一起创作了一幅《矿工》。那幅《矿工》，我调到上海时带来了，有朋友找我，想把这张作品拿去参加拍卖，当时我说画已损坏了，就重新修补了一下，还给张老师打了一个招呼。那就是我们在一起合作的一幅画。后来张老师还画了一组大型“矿工”组画。

Q：那您对他这个“矿工”系列和之前画速写有什么评价吗？

林：我认为这两个肯定有联系的，因为他的手法就摆在那里。

Q：您觉得张老师现在的作品与之前的画有什么变化或差异吗？

林：过去是写生头像较多。现在画了许多全身像或者半身像。他为了搞这个创作，画了大量的写生的创作素材。

Q：因为你们那个年代主旋律就是画主题画，还有一些画家，他们画一些风景画或人物画，但是张老师展出来的画作大部分却一直是反映某个历史现象的。那么对此，您对他喜欢画那种历史题材的画有什么看法吗？

林：他还是延续过去那种主题性绘画，我后来就逐步逐步地脱离了这个方面。老先生他们基本上都不大容易改变。我现在主要的创作比较抽象，张老师还是一直延续，现在年纪也大了，想变也不是一下子能够转变的。

Q：您的评价给的算是中肯？

林：非常客观。

Q：有没有一些稍微主观的评价？

林：那怎么说呢，张老师功底很好，写实功底非常好。他画的一些肖像，我也看过，也很佩服，不过我不是走这条路的了，我也比较实在，看问题找主要的地方，所以说也不会渲染什么东西。张老师功底好，很有才气，也有艺术家气质。

Q：那您对他后来到了上海以后，帮助组建上海大学美术学院有什么看法？

林：那是他组建的，他很尽力，可以说是全身心的。

Q：您觉得他适合做管理或者还是应该做自己的专业？

林：其实，这个问题就复杂化了。艺术家主观愿望都是以创作为主。但是处于中国的国情和时代，要求去担任管理的工作，你必然在专业上面受到损失，没有多少时间去钻研。他先前画了一个四连画的《荷塘》，画得很好，应该说是跟原来有所脱离，不是那么很写实的，但我非常欣赏那组画。后来画花卉题材比较多了，画得也很好。在风景方面，因为很少出去写生，所以相比他后来的写生，我还是觉得以前的比较出众。

Q：您指的是速写还是什么？

林：风景也叫速写，反正就是风景写生。我在学校阶段看他那些风景写生作品，我觉得比现在好。那时候还保持一种艺术家的感受。

Q：您指他 1984 年到上海之前？

林：对。到上海以后，肯定会受到市场经济的影响，过去没有这个。

Q：因为没有这个影响，所以比较单纯？

林：一进入到市场就不一样了，有时候画面的艺术美感可能就会不自觉地让步。如果要跟过去比起来，过去纯粹是艺术的讲究，那个时候不自觉也是那个东西。现在却不行了，再想想年纪也大了，后来也就这样了，我想其他艺术家也会这样的。

Q：张老师被调回上海做行政管理工作后，您对他的绘画创作有了解吗？

林:张老师就算是做行政，他也经常画画，到班上去画画。尽管这不代表是创作，但是你要有所追求，要有真正的追求。国外的艺术大师写生也是创作。但是我觉得，在中国这个过去的氛围还不是，个别的老师会这样，比如说罗尔纯，他就坚持他的风格，但是他教学的时候他不按照自己的风格要求学生。

Q：之前和张老师的谈话里，张老师首个推荐您，我们就想在您那里可能会找到一些主观的内容？

林：我想张老师能这么赏识我多半因为我也算是他的骄傲之一了。他曾说我的水平算是“前无古人，后无来者”。现在我也属于一个独立艺术家，走上了这条路，而且在社会上也享有一定的名声。

他在艺术上对我的熏陶是比较得当的，那些基本功的训练也对我有很大的帮助。比如说给他看作品，他的点评并不多，基本上都说“结构不严谨”，而不会像我们现在教学生那样具体到什么地方不严谨，你怎么样把它搞好一点等。

Q：那他对别的同学呢？

林：我也不知道。所以我会一直去揣摩，我觉得这样对我反而是好的，如果给你讲那么细，我就会照着那样改，这样就不会得到深入的体会。只有自己去揣摩，这样探索的余地才比较大。何况他对我的画一指点，我就懂了。张老师对我艺术的熏陶、艺术的气质和艺术的美感，三言两语就可以点到，当然他也肯定了我好多方面。

Q：在大学两年半的时间里，他一直同你们在一起，教你们？

林：对啊。然后教油画的时候，就是纯粹教我们油画了，没有别的老师了，前面还有一个教素描的老师。然后我 1982 年到中央美院读油研班去了。

Q：去中央美院进修吗？

林：叫研修班，是研究生课程。研修班是江丰在世的时候提出来的，那个时候社会上一批青年画家都得奖了，创作氛围比较浓郁，想给中央美院有所影响，就招了一批这样的人，我是属于第一届。第一届的人都是精英，在各个省市比较拔尖的，创作上比较活跃的，影响力也是很高的。进修两年，之后我又回到了学校。

Q：是学校派您去进修的？

林：也是考试，那是经过全国考试的，都是全国各地，竞争相当激烈。

Q：然后你就一直在学校任教，一直到 2001 年？

林：对，后来我到上海来了以后，本科生不带了，研究生是没带完的继续带完。

Q：那后来您到上海哪个学校？

林：上海出版印刷高等专科学校，后来并到上海理工大学，然后我们成立了本科。本科成立后没到两年，就跟理工大学的本科并在了一起，不过我们这边还保留大专，那个时候我已是退休年龄，便继续留在大专上课。

Q：您还在那边任教？

林：对的，但是经常去协助做一些行政事情。外面的人搞不清楚，以为我是主任，实际上我并不是。但是我属于所谓的专家级的了，是教授、学科带头人，什么事情都会叫我参与。比如说增加学科，我都要组织这个事情。新添了几个新专业，我经常干这些事情，招聘老师去看资料及面试，外人都以为我是主任，其实我不是主任。

Q：不是主任，做主任的事情。

林：像这样的事情，我应该受张老师的影响比较大，就是帮助别人的事，帮助单位的事比较多，张老师也是这样的一个人。他当院长的时候我的感受是这样，他为这个单位考虑了太多，其实他的原则比较强。比如说谈到我要调进上大美院的话，我没有讲过，但是他知道我想，我从来没有讲过，但是别人讲了。他就给我露了一句，我不能给你调来，你调来就是占我们的指标。什么指标？就是高级职称的指标，你占了以后，我原来的人怎么往上去升。因为会占了这个指标，所以说他就没有调过我。

Q：您也没有跟他说过？

林：没有说，但是我的愿望他是知道的，他知道我想到上海来。他起的作用是比较大的，李天祥虽然是正院长，但实际上都是张老师在组织这些事。

Q：可是我不明白的就是他无论如何要引进人才，调入学校的话，为什么不调您？

林：我是外地的，他是想把上海老美专的人尽量升上去。所以他的功勋对他现在这个部门是兢兢业业的，他绝对是一个好人，这一点很重要，很能看清一个人。

Q：您也不是第一个说这句话的人？

林：但是你要讲具体原因是这样的，他对这个部门是好人，但是他想的是建设，这个学校的建设，他不想自己的。他想的是怎么搞好，他是从建设方面考虑的，可别人进来以后，就不一定会认识到你这个问题。

Q：知道，一些老美专的？

林：他是一个好人，所以说好人不一定能够得到好的认识和应得的一些方面。社会就这样。

Q：那张老师的性格是北方的性格？

林：有点南北味。

Q：但是您不也是已经很有成就了？

林：但是我是他的学生，他没有想到。

Q：是为了避嫌吗？

林：是避免还是什么，反正就是我隐隐约约感觉到，不计较那些，无所谓。我就立下一个决心，要自己奋斗，不依靠谁。张老师是愿意帮人的，他帮了很多人，也是方方面面。但是我这个人，一般不太求人的，不到什么样的情况下，我一般不会求，因此怎么说呢？我跟他有近有远。因为我是比较耿直的人，他也知道，但是真正的贴心的人，还是我，他也清楚，为什么讲到找谁，第一个就说到我了。他是我的恩师，应该这样讲。一个上学，我找到他；一个是我谈恋爱，他帮我介绍，等等。

Q：您后来跟他介绍的人成功了?

林:对,就是我太太。张老师这个人好事做了很多。人品是非常好的,以公不为私，他帮助的人也有很多。不过他属于性情中人，有时候也会随着性情来做事，但总体而言，他都是为公的。他当院长的时候，一切都是为了怎么能搞好学校。但是下来以后，他受到冷遇，心情难免会有些愤愤不平。

Q：因为我们去采访了原来学校里面的一个人，是张老师调进来以后，他说后来有一批老师，在夜校教过课?

林：那有可能的，为什么呢? 他过去是算研究所的还是什么的，还不是油画系的，那时在凯旋路，学校还没有搬过去。他在夜大学的时候，我就感觉到张老师在教成人班，我去看过一次。我后来讲，那个怎么弄? 不接受。为什么不接受呢?就是被人家把持住了，他也有点愤愤不平。

Q:那您能总结一下张老师这个人吗？

林：张老师这人只要一到安徽，大家就都请他吃饭，不仅人缘好，对学生也好，很有威信，人品也好。过去无论是去哪个聚会，他都带着我，我也看到他的人事关系处理得都很好。就是可惜，没有把他的作用完全得到发挥。如果要是他发挥得好，能够处理得好，效果可能会好很多。

师恩难忘

黄少华

我有幸在“文革”后恢复高考的那年考入安徽师范大学艺术系学习，还有幸在我入学后的基础课上得到了张自申老师的授教。虽然我之后在选择专业时学习中国画，但在学习方法和艺术观念上，受益颇多。张自申老师自安徽调到上海后，我们到过他的画室拜望，他正潜心作画。他每次回安徽，弟子们相约为张老师接风畅饮，他兴致极高，话题亦广 ，畅谈中我们依然可以感受到张老师性情中的真实、坦率、正直。岁月更替，性情依然，正体现中国传统文人的品格。

张自申老师恪遵现实主义的油画创作之路，古稀之年还到安徽煤矿写生创作一批较大尺幅的油画作品，近距离与煤矿工人接触，感触尤深。他每天不知疲倦地忘我地作画，状态极好，他将质朴充实的生命载体以生动饱满的油画笔触记录在画布上，张老师显然在这次体验中投入了巨大的精神能力，这样一群开采光明的矿工兄弟同时也点燃了老画家的创作激情。这批作品在安徽展出时极具反响，因为接“地气”，有现场的真切。

张自申老师长期从事艺术教育，践行严格的艺术规范，“入木三分”的教学，培养学生脚踏实地的治学态度。他认为学习阶段的理性理解大于感性发挥，没有严格的技术限制很难达到真正的个性释放，艺术创作中的灵感与激情必须接受理性的控制。正如诗人要在严格的格律和韵律的约束中插上自由想象的翅膀。我们重新思索张自申老师的教学观，就是培养学生扎实、务实的治学态度和严格的法度，从而做好基础功课，在日后的创作中终身受益。张自申老师的这批弟子，均是目前安徽美术界的中坚力量，卓有成就者无不得益于张老师的教诲。中西绘画虽各师其宗，有异有同，然画理相通，殊途同归。时称“南黄北齐”的黄宾虹、齐白石，用大半生的时间学习文化和传统书画，读书万卷，行路万里，在严格规范中厚积薄发，在衰年变法时“化蛹成蝶”终成大师。张老师也亦然。

黄少华
安徽教育学院教授，安徽省第十一届、第十二届人大常委

传道、授业、解惑
——章飙采访记录

章飙

Q：张自申老师从安徽到了上海以后，任我们学校一段时间的副院长。现在退休了，我们学校现任的院长想把这些老前辈的教学活动汇编成册。这本书里面有四个板块，包括张老师的生平，学生和同事对他的一些观点采访，包括他的作品，等等，当时我们跟张老师进行了一次访谈以后，问问他有没有学生和同事可以采访的，然后张老师向我们推荐了您，故与您进行联系。

章飙（以下简称“章”）：全名叫上海大学美术学院是吗?

Q：对。

章：你需要了解哪些方面的内容呢?

Q：就是围绕张老师，因为您是他的学生，是他 63 级的学生。

章：我是 63 级，他是以后教我们的。

Q:我们想问您几个方面，当时您在哪个学校，读书的时候，张老师教您什么课，他的职务是什么，他的专业课是教什么？ 在您的心目中张老师的治学态度是什么样子的? 你们后来又是怎样保持联系的，他对您有甚么指导或者建议，就是主要是围绕张老师和您的这种关系，让您做一下陈述。

章：我们当时学校叫做合肥师范学院艺术系美术专业，在这个学院，美术专业在 1963 年是以前没有的。

Q：1963 年前是没有的?

章：由于当年大专院校进行巩固、充实、提高和调整，应该是安徽师范学院一个艺术系和当时安徽艺术学院撤销合并，师范学院成立了艺术系。1963 年是第一次招生。

Q：那您就是第一批学生吗？

章：第一批学生。因为我们这一批学生情况特殊。当时 20 世纪 60 年代初，我们国家处在三年困难时期，根据中央的调整、提高的方针，所以 1961 年安徽艺术学院没有招生，1963 年并入合肥师范学院成立艺术系后才开始招收新生。

1963 年我们合肥师范学院艺术系开始招生，招生时报考人很多，大概有一千多人考我们这个艺术系的美术专业，但是只取了 24 个人，这一年招的学生的质量是比较高的。

Q：那您当时被分到哪个专业了？

章：我们就是美术专业。

Q：我听说你们第一批招生的时候，那个时候只有三个专业，就是油画、版画和设计，是吗？

章：不是，那个是原来细分专业，是 63 级以前的，艺术学院里面的几个专业一个叫中国画班、一个版画班、一个戏剧班就这几个专业。后来到了合肥师范学院艺术系以后，只分美术班、音乐班、戏剧班和工艺美术班四个班。

Q：那当年张老师教哪一门？

章：当时张老师是一个很年轻的老师。他从中央美院毕业以后，分到我们学校来了。在我们学生的眼里，他是一个专业水平非常高的年轻老师。他的年龄比我们高出不了多少，我们那个时候基本上都二十多岁了，他也是毕业不久。我们早在他没有毕业的时候，就知道有个张自申，他反映开发北大荒题材的油画毕业创作曾在《美术》杂志上发表。当时他是中央美院的高材生，刚到我们学校来就很受学生的欢迎。由于年轻，所以他很快和我们学生打成一片，丝毫没有老师的架子。他主要教我们的是素描，后来是油画。因为他是油画专业，吴作人工作室的嫡传弟子，在我们学校应该讲是水平最高的老师之一，而且他个性温和，大家把他当兄弟一样，因为我们班都是男生，没有女生。上课也不像“文化大革命”以前的老师那般严肃，很难接近，所以大家很尊重他。他平时待人平等，跟大家相处得很好，同学有什么疑难问题问他，他都会很真心实意地对大家进行辅导。正是因为他这种个性和态度，学生也很喜欢跟他相处。

Q：您跟他学了多久？ 他从事哪些课程的教学？

章：教素描，我们是 63 级的，1967 年毕业。从艺术学院转过来的人已经是四年级，四年级当时只有国画班、版画班和编剧班这三个班。我们 63 级是从一年级学的，这期间没有二年级和三年级。所以在这种情况下，专业最好的老师带一年级新生，从基础做起，先学素描。张老师最初教学是把中央美院的那一套方法拿过来，所以大家都感到很新鲜。原本我们是师范学院，目标就是培养教师，但张老师却很细心、很耐心地对大家进行这些最基础课程的教导。除此之外，我们这个班的学生也是从一千多人里面考试进来的，所以这些人都有一定的基础和较好的水平，学习起来大家也很用功。

20 世纪 60 年代初，国家处于三年困难时期，大学生很艰苦，但是在这样的好老师教导下，大家学习很有信心，因为大家互相之间很认真，老师看到学生很认真，也很喜欢。学生也很崇敬老师这种认真的教学精神，学生进步很快。所以我可以毫不夸张地说，我们这个班毕业以后基本都成为了我们省里面美术界的骨干，有三分之一以上的学生后来当上了美术出版社或少儿出版社的社长、总编，还有大专院校的教授，省美术家协会的主席、副主席，各个地区的主席和画院院长。

Q：那您之前是担任安徽美协的主席，是吗?

章:对,我在 2002 年至 2010 年期间任安徽省美术家协会主席,当了八年的主席。

Q：那您现在是属于退休了的画家?

章：我现在退休了，现在仍担任中央文史研究馆书画院安徽分院执行院长。

Q：您现在还在任职?

章：我现在还在进行一些美术创作和承担分院的组织创作工作。另外张自申老师在创作上面是很有水平的。在我的老师里面，他的创作水平是高档次的。

Q：您刚才说到，就是张自申老师在上课的时候很认真，创作水平很高。您能具体地举一下例子，当时让你记得比较深刻的例子。

章：当时我们安徽美术家协会的领导就是赖少其先生，是一个老革命、新四军和著名的版画家和国画家，也是我们安徽美协的负责人。当时在我们省里有重大的创作活动，都会把张老师组织进来。张老师不仅自己画，还帮助同行们改画，这些我们都见过。他曾创作了《百万雄师过大江》的大型历史画，还在《安徽画报》发表并入选了全国美展，后来还被革命历史博物馆收藏了。张老师在创作过程中还帮别人改画，所以张老师不但在教学成就很大，同时，在创作方面也是取得了很大的成就，所以更是受到我们这些学子们的崇敬和爱戴。

后来他调到上海了，我们大家感觉人才外流很可惜。因为 1966 年“文化大革命”开始就不上课了，他当初是我们美术教研组的组长，一开始可能也是受到一些冲击，澄清一下后来也无事了，大家也认为他是解放后培养出来的，不可能是反动学术权威，跟大家相处仍然融洽。后来复课闹革命，所以学生们又主动找老师请教，可是 1966 年考进学院来的人因为受到“文化大革命”的影响根本没有学到专业知识，于是都偷偷找老师辅导，当时张自申老师也很耐心地辅导大家。

Q：就是不计前嫌地去教大家？

章：对，不计前嫌地教大家，所以为什么大家对张老师非常挂念也很尊敬，不仅是因为张老师专业水平比较高，还有就是他人品很好。在原来同事之间和老教师之间有些观点不一样，可能遭受了一点委屈，但他也是很坦然地接受这样的一个现实，并很好地把自己该做的本职工作做好。自从张老师调走了以后，大家还是经常联络他。

Q：自从张自申老师调到上海之后，您与他之间有联系吗？

章：调到上海以后，他在上海工作得很好，我们也为他高兴。他创作了一系列的作品。后来他想创作反映煤矿矿工的系列画，便去安徽淮南煤矿来体验生活，当时听闻老师要来，我们也非常高兴。我们就跟淮南市当地美协的负责人联系，全程安排张老师到我们这里来体验生活，为他创造一定的条件，让他能够非常圆满地完成这次任务。

Q：为了创作这系列的作品，他在淮南煤矿上待了多久？

章：有好几次，每次有十天左右，因为矿上生活是很艰苦的，下矿井是很危险的。当时为了保障老师的安全，我们跟当地矿上的领导都沟通好了，我们当地美协的一些负责人，亲自给他安排吃、住、行，基本上让他很好地完成了任务。

Q：那他当时是带着画板和颜料直接过去的吗？

章：带了写生板去体验生活，去画一些矿工，了解一些情况。

Q：他有独自下到矿里去？

章：没有，因为我们有的矿井是 20 世纪 80 年代以后和 90 年代初的，尽管比较安全，但我们也要保证他的安全。张老师要求过下到矿里去，我们也算是让他下去了，不过下去了很快就上来，主要就是让他了解矿工采煤的情况和体验一下艰苦奋斗的精神。

Q：您刚毕业以后是留在大学了吗？

章：不是，我们那时候毕业大部分分配到最基层。我被分配到皖南一个小县城印刷厂里面当工人去了。“文化大革命”后期要画毛主席像，可惜找不到人，便把我们调出来画伟人像。

Q：那是不是可以说您在皖南小县城的时候，跟张老师基本没有联系了？

章：这个时候，他可能自己在学校里面，要么调到上海去了，因为我们是 1966 年毕业，1968 年年底才分配。拨乱反正以后国家那个时候大学毕业几届毕业生挤在一起分配，于是就被下放到最基层。有的到农村去当教师，有的当工人。我也是在那个地方努力工作，所以跟原来学校基本上没有联系。

Q：那您哪一年又调上来了的？

章：我是 1986 年从县里直接调到安徽省美术家协会。

Q：那个时候张自申老师已经到上海了吧？

章：已经到上海了。我们听说他当上海大学美术学院的负责人了，但是我们没有主动联系。到了 1969 年，我们合肥师范学院又撤销艺术系，回到安徽师范大学并成立了艺术学院。许多老师又回去了，我们学校后来让给了中国科技大学。

Q：就是说这个学校之前是没有的，后来你说两所大学组建了以后，有了您学的专业，合肥这批老师又回到了芜湖？

章：对，这个时候张老师回到芜湖去了，之后又从芜湖调到上海去的，而且他的爱人也在上海。

Q：那这个学校拆掉了以后，他是回到芜湖哪个学校呢？

章：芜湖原来是叫安徽师范大学艺术学院，也是艺术系，就是原来我们过去这批学生待的学校。

Q：还挺复杂的，他后来又回了一趟母校，您指的就是回合肥的那个学校？

章：不是，我们学校拆得早，我们 69 级是最后一届了，到了 1970 年就不存在了，我们 1970 年在基层工作，当了工人就很少有机会到外面来，8 小时工作时必须跟工人一起上班。

Q：之后张老师调回上海，那这次他回学校是不是你们和他重新建立了联系？

章：他回到安徽，有一次到我们合肥来出差。那时候已经是 1986 年以后，我们同学知道他来了，都专门去看他。当时我们把所有在合肥的同学都叫了过来，因为我们那个班上只有 20 多个人。 这 20 多人基本都调到合肥的省政机关、少儿出版社、文艺出版社，做一些美术编辑工作，还有的当上了社长总编等，有的调到了合肥市大学教美术，有的在当主任，有的在安徽大学艺术系当主任，有的都当教授了。大家都是同学，我们召集了一下，一下子集中了十来个人，把班上一大半的人都叫过来了。

Q：那之后依旧保持密切联系吗？

章:后来是这样的。只要有什么事情，我们就互相之间通通气，有时候打打电话，因为以前我们也不知道他的行踪，也不知道他的电话号码。后来联系上以后，我们就可以通通电话，有时候他说我到九华山来采风，想描写一下寺院的生活。我们几位同学便陪他到九华山去看看，为此他还画了一系列佛教题材的作品。

Q：那你们当年的师生关系非常亲密，平时生活上也是这种关系吗？

章：那时候，我们原来美术出版社的社长陈乐生，他是第一个跟张老师学油画的学生，我到合肥比较晚，他比我早。有一次张老师回合肥，他就住在陈乐生家修改作品，还画了一幅画赠给学生。那个时候我还在皖南一个小县城里工作。

Q：那当年他教您学画的时候，就是您第一次认识他，是因为在没入校之前，就知道他是中央美院的才子，油画画得很好，后来他真正做您老师的时候对您有怎样的帮助？

章：那个时候我们是从基层来的，因为当时县城中学里面没有素描老师，所以素描基础很差。县级的中学不像城市里面的中学那么正规，我们基本上没有美术老师，美术都是我们个人爱好，虽然素描基础不太好，但我们当时的文化课等各方面都很优秀，所以进入学校后素描就必须从头学起了。

Q：当时你们入学考试的时候是以文化课为主还是以专业课为主？

章：以专业课为主，一个就是现场创作，再一个就是文化课跟文史类的综合考。

Q：您来自皖南小县城，专业不很好，那您以前也学过画画吗？

章：对，只是喜欢画画，也有创作发表。

Q：那张自申老师对您的教学方法是怎样的？

章：他是看过以后，提示画素描要全面观察、整体推进，不要只关注局部。我们一开始总是关注局部的描绘，画石膏像也是这样，但是他所说的这一要点，画素描必需观察整体，确实给我们解决了大问题。所以说，素描这个课程要怎么循序渐进，这个方面对于初学者的启发是很重要的。

Q：那他平时是带你们出去写生还是直接在教室里面临摹？

章：我们一开始素描是从简单的石膏到复杂的石膏像、静物，然后到真人写生。刚开始学了一些石膏素描后，就“文化大革命”了。复课的时候，老师就让我们进行真人写生了， 这是一个大的转折。边画边讲课给我们的启示很大，另外一点，他不但讲，有时候还动手示范哪个地方是重点，要注意哪些方向，哪些结构部分要着重描绘。

Q：所以张老师最主要的教学就是教您素描方面吗？ 但是我们知道他的色彩是很好的，教学里也包括油画吗？

章：对，他的色彩是很好的。我们当时不像现在这样正规，“文化大革命”时期基本不上课了，直到复课的时候，他也是给我们示范，特别是在创作上的示范对我们的启发很大。比如他自己创作的那幅历史画《百万雄师过大江》，在敌人炮火轰炸下解放军万船齐发渡江，场面恢弘，人物众多，构图难度很大，我们是看着他画的，他的这个示范就很有说服力的。曾记得他给我们的另一个老师改了一张画，这位老师画了春天的田野，在前景色的安排上，他给改了，用紫色去表现前景的花簇，在局部加强点缀一下，一下子就表达出很好的画面效果，这些给我们的启发都是很大的。因为我们1963年进来时也没有很好地开过色彩课，一开始就学素描，1966年“文化大革命”一下子又中断了循序渐进的绘画理论的学习。

Q：所以您从他那里几乎学的都是素描方面的，那您从他那里学油画学到什么程度？

章：我们基本上就是在老师示范创作以后，我们也开始学这个专业，我们感觉到他在色彩上的处理极佳，特别是各种灰调用得很娴熟，变幻自由。相比我校从浙江来的一个老师那种非常艳丽的色彩画法，张老师的色彩则是属于非常和谐淡雅的。从这里我们也感觉到中央美院和浙江美院，他们在教学上是大不一样的，各有风格和特色。

Q：那让您总结一下张自申老师这个人，您会用什么话去评价他？

章：我觉得张老师是一个对学生非常认真负责的老师，他不是光教你学习入门，而且最重要的是，我觉得他是一个德才兼备的老师。他在教你画画的同时还教你要踏踏实实地做人。很多同学都很好高骛远，特别是我们这个班的学生，当年是百里挑一选出来的，觉得我们是骄子，就是有点骄傲，有的人还没有学走路就开始跳跃了。他的要求就是我们要从最基础的东西起步，一步一个脚印。他教我们不光只是要画得好，还要诚实，做学问也是这样，做人也是这样。我觉得这点也算他自己言传身教，对大家的启示很大，所以在一般教师里面，我们对他的记忆是非常深刻的。

Q：张老师在您考进大学的时候，对您专业上或者思想上的指导有哪些？

章：他不是对我一个人，我认为他对我们全体同学都是这样，谆谆教导，言传身教，传道、授业、解惑。所以他离开安徽以后，我们经常记挂他，他当时是一心一意把心思用在教学上。他是中央美院的高材生，到安徽算是委屈他了，安徽当时那么苦，他是上海人，完全可以到上海工作。这种情况下，我们感觉到他也做出了很多牺牲，因为当时是党派到哪里就在哪里生根发芽，为培养新一代的社会主义建设人才做出贡献。他们这一代人就是这般优秀，一切听从党的安排一直到现在，也一直都受到大家的尊敬和敬佩！

张自中老师的独创性和贡献

——王涛访谈记录

王涛

Q:请您从与张老师之间的关系，张老师如何指导学生，师生之间的相处，学习、创作和为人等角度来谈一下?

王涛（以下简称“王”）:张自申先生是我的老师，他作为教师和画家，一直坚持走自己的路，有着自己明确的教学思路和绘画理念，他将自己所思所想都传达给了我们这一代，而这些思想和创新也都深深地影响了我。

Q：请问您是哪一届的学生?

王：1963 年，我有幸考进了安徽师范大学，更有幸得到张老师的尽心栽培。刚进学校时，教素描的一名女老师临时换成了张老师为我们代课。张老师刚从北京中央美院来，不仅带来了北京的素描以及素材稿，还带来了中央美院的素描基础。很快，画稿件就被争相传阅观摩，而图画上那些笔触和艺术感觉也在我们同学之间互相传开，影响很大。

Q：张老师是如何进行教学的?

王：在教学方式上，张老师一直秉持着自己的方法观念，打破了传统教学模式，这不仅提高了在学生面前的权威性，也对我后来的创作有着一定的影响。

起初的临摹阶段，张老师特地借了上海画家贺友直的稿件给我们看。之后，除了临摹大卫以及各种大型人体造型外，他又陆陆续续借了很多著名画家的连环画原作专供我们临摹。对于当时的我们而言，看到原稿是一件弥足珍贵的事，对张老师而言，他认为作为一名中国的画家，线描是我们应该掌握和学习的。让我没有想到的是，这些线描的训练和学习对我后来的创作有着很大的影响。张老师的教学方式也别出心裁，就是让我们分开临摹，在某种程度上讲这是一种教学上的突破，但这样更有针对性。对于我们的教学，张老师孜孜不倦，有问必答。正是张老师这种创新的教学模式和他平易近人的态度，使得同学们都很尊重他，也对我们年轻的时候带来了很大的影响。

Q：能具体谈谈张老师当时授课对您的影响吗？

王：年轻的时候很喜欢西洋画，正好油画课和色彩课都是张老师授课。他画得非常好，我还临摹过他的一幅画。但是我们大学毕业以后分到乡下，就没有创作油画的物质条件了，只能利用我自己的速写能力来训练。 后来我考上浙江美院的研究生，虽然攻的是国画方向，却仍将年轻时候的那种感觉以及西洋画的一些东西融入到中国画的创作之中，那正是传承了中央美术学院学习的方式。至于中国画里最强调的写意，虽然与之前的学习看起来很难挂钩，但是当时的造型训练，对我之后的作画包括对画面整体的把握都是很有用的。所以跟张老师在一起的这段时间，一是受益颇多，二是倍感亲切、愿意真心相待，这一点就是我与张老师之间的师生关系，在那个年代也实属可贵。

Q：那您能谈谈和张老师接触中，您最受感动的是哪方面吗？

王：当时，张老师在安徽算得上是比较有声望的画家，尤其是他的油画创作。张老师的油画创作方式传承了北京吴作人工作室的风格，所以当我们看到张老师创作的《重聚》和《脱谷机手》的画作时，内心都被深深地震撼了，因为在当时那种“文化大革命”的背景下，让我们也算大开了眼界。 张老师的画作不仅带给我巨大的冲击，他从骨子里透出的一股知识分子的傲气也在慢慢接触下展现了出来。最让我震惊的是，之后我去上海还听闻他的一些事迹，就是一些有权有势的人托关系来报考，张老师也分毫不给面子，坚持自己的原则。这就是一种文人的傲骨，也是为什么张老师最受人尊敬的一个重要品质。而且当时我作为素描课代表，张老师很积极的教学、新颖的学习方式以及他的为人，在我们心目中的地位很高，我们能从他的身上深切地感受到一种非常朴实的文人和艺术家的气质。

Q：那张老师教您有多久？

王：时间不长，不久“文化大革命”就突然爆发了。学校开始抓革命、促生产，宣传最新知识、最高指示，之前的规律一下子就被打破了，基本连课都没有正常上过。

Q：有影响到你们这届的毕业吗？

王：没有，那个年代的我们基本上靠自觉，所以并没有影响正常毕业。

Q：毕业之后，您和张老师还有联系吗？

王：毕业之后，我下放到了一所乡下中学，后来又转到文化馆，再由文化馆考到浙江美院的研究生，然后回到安徽就任院长。这一系列过程中，虽然事务缠身，但我和张老师偶尔会碰面。当时他在安徽举行矿工系列《第八盏灯》的油画展，学生们都参加了开幕式，所有我们67届的同学都在一起，共同为他祝贺。

Q：您对他的创作，以及他到上海的经历，您有没有什么评价呢？

王：我觉得张老师很不容易，对于他的矿工系列，我曾听闻他为了画这幅作品，深入到淮南矿下，画了很多肖像作品。这些作品让我十分震撼，尤其是在当代大家都对油画憧憬另外一面的时候，他还仍然画这种反映现实生活或者说是反映矿工精神面貌的作品，这种精神就是最难能可贵的。从当时的格局来讲，艺术新潮过后整个西方文化对中国的影响很大，包括各种现代、抽象的艺术到了中国，大家都开始追求新的、美好的东西，只有张老师依然坚持写实、坚持他在北京所学的俄罗斯油画传统的一种方式。他所画的矿工，不仅反映了艺术家身上对人民的信仰，也是对他自己精神的一种展现。

张老师调回上海后，我曾几度去上海看他。记得有一次到他青浦的画室里，看到一批从西藏带回来的一些静物写生和一批人物肖像。虽然之后我攻的是国画方向，但是从国画的角度去看张老师的作品，他仍旧保留着那种严肃创作的态度，不像有些油画家已经纯粹讲究感觉了。我也一直很清楚，无论是以前还是现在的张老师，他一直都是一名坚持自己风格有傲骨的画家。就算我毕业以后到现在，都已经半个世纪过去了，但他对我的创作的影响，一直在延续，从未停止。

亦师亦友

——徐伟德采访记录

徐伟德

Q：徐老师，您作为上海工程技术大学艺术设计学院的副院长，请简单谈一下您的经历？

徐伟德（以下简称“徐”）：我是老三届上海知青，后来考进了安徽师范大学美术系，当时张自申老师正好带美术系，我们都是张老师的学生。后来我毕业了，就留在了安徽师范大学任教，长达 25 年左右。

Q：您是哪一年到上海任教的？

徐：我 1998 年来的时候，上海工程技术大学正好组建艺术设计学院，来了以后我就有幸担任了常务副院长。

Q：那您能谈谈跟张老师的师生关系吗？

徐：我跟张老师的关系应该说是非常密切的，况且张老师之后还是我的媒人。20 世纪 60 年代初，张老师从中央美院毕业以后就到安徽任职了，同一时期还有一批老师是从浙江美院毕业到安徽来任教。不过，当时安徽的文化教育环节属于比较薄弱的阶段，这批老师们的到来将安徽美术教育带进了学院派。安徽师范大学美术学院原是合肥师范学院，后才并为安徽师范大学美术学院，建立了美术系。作为当年安徽高校美术教育中唯一一个比较正规的学校，第一批教师的师资力量尤为重要，而张老师则是这首批教师中的领军人物。张老师本是中央美院吴作人老师的学生，到安徽任教之时，也将中央美院完整的学院派体系带到了安徽。从此为安徽培养了一批又一批优秀的学生及画家，也为之后学校的教育工作创造了一个良好的开端。因为安徽师范大学等同于安徽美术中最高学府，张老师作为学校里一个骨干级老师，他不仅教授了我们很多学识道理，也培养了我们这一批人才，所以我们这一届学生对张老师的感情都是很深的。

Q：当时您刚进校读书的时候，张老师的职务是什么？

徐：因为我们是工农兵学员，当时他并没有职称，就是一个讲师。他离开安徽师大的时候也是副教授。因为当时“文化大革命”结束，恢复职称以后，他就恢复到副教授。

Q：您是哪一年进校的？

徐：我是 1973 年进校的，1976 年毕业。

Q：那您是直接考进去的吗？

徐：工农兵学员是农村里选拔上去的。我们当时是 7 个县区，400 个人里面选一个，因为我当时在艺术专业上还算比较优秀，所以才能有幸选拔上去。毕业之后我们这届学生在安徽师范大学成为了骨干老师，而这一批人都是张老师这一代老师培养出来的。所以张老师对安徽美术教育是功不可没的，到今天为止，我们安徽的学生对他都很尊敬，过年过节都去看他。因为张老师到了上海转做行政了，所以相比上海的学生，安徽的学生对他的崇拜程度要更深。我还曾受他影响也在上海做过一段时间行政。

Q：跟专业不是特别的相关？

徐：对。

Q：当时您读书的时候，您说您 1973 年进的安徽师范大学，可是那时候张老师只是一个讲师，他当时教你们什么？

徐：那个年代不像现在那么正规。当时张老师还是教油画。那个时候安徽师范大学有一大批非常优秀的老师，不过没有油画系，只有油画专业。我们是分班学习的，一共分为国画班、油画班和版画班，其中安徽的版画比较强。张老师则是油画专业的主任，而我们这批学生都是以学油画为荣的。

Q：那可以讲讲您眼中的张老师吗？

徐：说到张老师，我认为他在色彩教育方面是很强的，他对色彩研究比较深。当时培养学生，给我们印象最深的就是，他是苏派毫无疑问，他是对油画色彩的运用非常独特，而且他有自己的一个教育方法，所以我们这代学生的色彩能掌握得不错，我感觉多少有张老师的影子在里面。

Q：能具体谈谈张老师当时是如何教授你们的吗？

徐：当时教学方式与现在的截然不同，我们老师都要进行示范的，而且老师们也都很勤奋，包括之后我在北京读书也是这样。所以后来我从安徽调到上海以后，我要求我们学院的老师示范，他们很反感。上海老师都称他们从来不示范的，都是只讲不画的，而我却认为不画画、不示范的美术老师根本不能称为合格的老师。在我的观念里，一开始画画就是要手把手地教授，况且画画还是一个讲技术的活儿。正是因为有张老师这批老师那时有这种非常好的习惯，我们之后才能受益巨大。

Q：您是说你们平时上课的时候，你们在画，张老师也在画？

徐：当然，他在这方面起的作用很大。当时的老师和学生的关系不像现在，尤其上海每个大学都是这样，下课以后，学生跟老师都互相不往来。我们当时老师跟学生的关系，都像自己的家长一样。我是上海人，在安徽师范大学读书的时候，我们都住在校园里，所以老师跟学生关系非常亲近。星期天都是在老师家里过的，老师也很乐意。当时的生活很简单，老师一心一意在学校里面授课，老师家里有事情都是学生帮他做,所以就培养了我们这代人。现在我也是在高校里面做了一辈子老师，可是却再也没有感受到当时那个时代师生交融的关系了。

Q：当时张老师将整个学院派带进安徽，对此他曾有什么创新的提议吗？

徐：针对那个年代，客观地讲，当时我们都是长在红旗下的，经历过惨痛的“文化大革命”。当“文化大革命”结束以后，百废待新，那个时候能有正常的教学就不错了，提创新就更是谈不上了。在经历了这么多后，这些老师能够把他们所学的知识尽力地在教学方面体现出来就算做得非常好了。当时安徽师大作为安徽主要的美术院校，一切安徽的美术创作活动都由我们这些人带领，我那时还参加过教育部的教材编写工作。张老师尽管有工作却也经常参加美术创作活动，他对安徽的美术创作影响也是很大的。当时安徽美协跟我们的关系是非常亲近的，所有的活动我们都加入，所以我们当时有一半的时间在搞创作，当时全国美展都是主题创作，而且画展比较多，张老师也有很多作品参展，包括他的作品《强渡天堑》，都是在安徽师大时期创作的。

我认为张老师的创作和教学的高潮时期是在安徽师范大学时期，一个适当的时间造就了他。我仍记得我和张老师还在一起完成了黄山机场工程的一个壁画。当时，他作为安徽省的一个主要的画家和教育家，和我们一起承担了两方面，一个是教学，还有一个就是美协所有的活动。当时安徽师范大学的地位就相当于上海美院的地位，其中有很多老师和美协的关系也和我们一样，所以这些老师又是画家，又是教师，张老师也一样。

Q：然后想问一下，张老师在退休了以后，回到安徽画了煤矿工人的画，他说是因为他在安徽的时候有了这方面的经历和这方面的灵感，您知道吗？

徐：我知道，因为张老师跟我一样都是上海人，但是我们人生的很大一部分以及很多重要的经历都是在安徽度过的，我们把青春都献给了安徽，所以我们都有安徽情结。安徽当时一个主要的工业就是煤矿，而我们作为画家，在很长时间内会时不时去淮南煤矿去体验生活，所以他对这方面都有着一定的情感。另外我认为他现在之所以创作这系列的作品，最重要的一点就是想表现中国工人的现状，引起更多反思。

Q：张老师之后调离到上海后还会经常回安徽吗？

徐：张老师在安徽这么多年，培养了这么多学生，个个都很成功，基本都成了各个地方文化部门的领导。而且就像我们一样，张老师无论到哪里都有学生接待，所以张老师也经常回安徽。

Q：想问一下，张老师 1983 年调回上海任职，而那个时候您还在安徽，那段时间您和他的联系怎么样？

徐：我们就像是走亲戚一样，回来以后经常去看看他，过年也经常去拜年。我太太也是画画的，而且还是张老师介绍的，所以之后我们和张老师经常联系。那张老师和我还有一层关系，就是当我从安徽师大调到上海来做上海工程技术大学艺术设计学院的常务副院长的时候，张老师那时帮我们学院建立了平面设计专业，而且我们包装专业引进的专家，也是张老师帮的忙。

Q：能具体讲讲张老师是怎么帮助您的吗？

徐：我们学院的顾传熙教授就是张老师引进的，他原来是上海大学美术学院的教授，后来在张老师推荐下进入了我们学院。之后我们学院里很多学科的鉴定以及专家认证，我都请张老师，张老师对我们设计学院应该是帮了很大的忙，包括我们的汪校长，他是宝山的区委书记，也跟张老师很熟。总体而言，张老师的尽心帮助对我们学院的创立起了很大的作用。

Q：那个时候他已经退休了？

徐：对的，他已经退休了。

Q：退休了以后，还继续帮助你们？

徐：对。

Q：那您大概是什么时候退休的？

徐：我是三年前退休的。

Q：您刚才说张老师是您的红娘，中间这个过程可以详细说一下吗？

徐：因为我太太原来也是画画的，但是她不是美术专业。

Q：她是上海人？

徐:上海人，安徽师大在芜湖，我太太之前就在芜湖，是张老师编外的一个学生，我是学校的，我太太则是芜湖的另外一所大学，学外语专业毕业的。后来经常一起玩，因为当时老师跟我们的关系就跟孩子跟家长一样的。又因为我们都在外地，尤其我在安徽，没有一个亲人，老师就是我们的亲人，所以成长的很多事情，老师就很容易介入。而我和太太的这段婚姻也是老师成就的。

Q：那你跟你太太结婚以后，就一直生活在安徽?

徐：在安徽师范大学里，我在安徽生活了很多年。

Q：之后你太太便随你一起回上海了吗?

徐：没有，她先回来的，因为孩子的关系，我是以后调过来的。其实后来我们已经在安徽过得很好了，都成了主干人物了，而且我们在安徽美术界都有自己的位置了，况且当时回上海工作和专业也不对口，所以我并不是很愿意回来。

Q：那是什么促成回上海的原因?

徐：促成原因很简单，家。你不能不回来，小孩在上海读书，老婆在上海。之后回上海的一个很重要原因是上海工程技术大学正好缺一个人，于是人才引进，我就回上海了。

Q：那现在您退休了以后，还跟张老师经常来往吗?

徐：经常来往的。当时我到上海以后，参与了一定的社会活动，之后便创办了上海侨界油画家联谊会。其中上海大学美术学院的许多老师，像张老师都是我们这里的会员。因此我们这个画会被称为亦师亦友，而成员基本都是老师。亦师亦友作为上海顶尖的一个绘画组织，由上海市人民政府侨务办公室领导。所以通过这样一个平台，我也能经常碰到张老师。此外，我一有空也会去青浦看望他。而且张老师现在还是一直活跃在上海这个画坛上，所以我们之间的来往还是很密切的。

Q：那您有和张老师一起画画、工作或生活的照片吗? 也可以是别人写过张老师的一些资料。

徐：张老师这个人，不是很在乎这种事情，所以他基本没留下很多照片。站在现在的角度来讲，我们的生活是丰富多彩的，不过对当时而言，精神方面是比较强的。我们当时在安徽画画，大家都过得很充实，也过得很不容易，所以很少留下一些珍贵照片和资料。

Q：那个时候，你们平时除了在学校上课，课余时间还会做些什么?

徐：课余之间还是讲画画。24 小时内除了睡觉，基本上都是画画。周末也是画家们在一起喝着大碗酒，吃着大碗肉。

Q：这种生活持续了多久?

徐：持续到我调回来，也就是 1998 年之前，随着这个社会形态改变，更多的机会出现了，我们也各自忙碌起来。不过就算很忙，我们也会小聚一起。我还记得有一次在北京的几个同学来看我，本来在宾馆都登记好房间的，结果晚上反倒是在家里闲聊了一个晚上，所以说那个年代的师生之间、同学之间的关系跟现在真的不一样。

Q：那你们这么好的关系是从入校一开始就保持到现在的吗？

徐：对，当时不只是在安徽，全国的氛围都很好。

Q：您第一次见到张老师的印象是怎样的？

徐：当时他在安徽是一个非常有名的画家，大家都知道的。所以我们学生那时候就崇拜他，崇拜得很厉害。

Q：张老师来到上海以后，他在安徽的一些职位卸下来了？

徐：卸下来了。他那时应该也是上海大学美术学院的创始人之一了。

Q：张老师一生创作了很多作品，给您印象最深的是哪些？

徐：我们现在还在议论他说，他的色彩感觉非常好。但是张老师回到上海以后，可能因为上海人的观念问题，在上海美术界并没有真正地去宣扬过张老师，但我一直认为张老师在色彩上面有他非常独到的造诣。

Q：老是感觉您自己不是上海人？

徐：我是上海人，不过我们 17 岁就离开了上海，回来的时候已经四十五六岁了。那个时候以知青的身份走，回来以后我已经是副教授了。在我整个成长过程中，包括我的婚姻，我孩子的出生都是在安徽。张老师也一样，所以我们有一种北方人的感觉，而且我们学习也是在北方学习的。我们在这个过程中不断地形成了自己的绘画风格，还有很多都是在北方学习的。虽说自己是上海人，但是自己感觉却更贴合北方人。不得不说，上海更像一个舞台，一个展示实力的地方。现在很多外地人在上海这个舞台上反倒能过得风生水起，连各个大学里的教师也一样。最近我的一个学生，也是张老师学生翟勇，原来是安徽师范大学美术学院院长，就在这个学期也调进了上海师范大学。

Q：那您觉得安徽的这段经历是否为你们之后来上海创建了一个很高的平台？

徐：确实是这样的。因为我们在外地有一个非常扎实的基础，所以到上海以后也发挥得很好。在上海这个平台上，不同于北京这个学术中心，上海是海派文化的发源地，是一个海纳百川的国际大都市。但是我觉得想做学问就应该在外地那些比较苦的地方多历练历练，就像是安徽一样，这样才能在上海发挥出自己最好的一面。

Q：说得对，老师，那您最后能总结地说下张老师与安徽的不解之缘吗？

徐：嗯，张老师在安徽的功劳是很大的，他对安徽的美术教育和美术创作和美术事业做出了不可磨灭的贡献。他人生的华彩篇章是在安徽。所以他真的对美术教育和美术创作以及安徽的美术事业做了巨大的贡献，这点安徽人今天都很认同，所以今天他回到那里都很受尊重，后来他在安徽办画展也很隆重，在安徽真的是桃李满天下。

艺术年表

1933 年	出生，上海青浦人。
1937 年	因抗战避难至金家庄，后回到上海霞飞路（今上海市淮海路）居住。
1941 年	在教会学校首次接触绘画，看画展。
1945 年	上初中开始练习画画。
1949 年—1951 年	参加中国人民解放军中南部队艺术学院，从事部队美术工作。
1949 年 10 月	参与话剧《胜利渡长江》的舞台美术的设计和制作。
1951 年	话剧《不能入库》舞台设计，绘制场景。
1952 年 9 月	成为广州军区政治部美术组的一员。
1954 年	在苏联美术展临摹油画《少先队员》。
1954 年—1955 年	进入 55 军政治部文工团，画《狼牙山五壮士》、《海军测绘》。
1956 年	考入中央美院油画系。
1959 年	创作油画长卷《练铁图》，由吴作人题字，作为建国 10 周年献礼，并以国礼送某国元首，局部发表于《光明日报》。油画《高原之春》入选“北京青年美展”，发表于《解放军文艺》封底。
	油画《红军长征途经彝、藏族地区》收藏于中国民族博

物馆。

创作油画《养猪》，入选全国美展，发表于《解放军画报》。

西藏梦断，于敦煌临摹壁画、去玉门油矿体验生活，毕业于中央美院吴作人工作室，毕业作品油画《老兵新传》，发表于《美术》杂志。

1961 年　　安徽艺术学院，任美术教研组副组长。

1962 年　　任美术教研组组长。

1963 年　　与黄梅锦女士结婚。

油画《重聚》入选全国“公社风光”展。

1964 年　　油画《脱谷机手》入选“全国美展”。

“文革”时期，接受改造被关“牛棚”。

1969 年　　释放后回到学校任教，因故发配农场劳动。

1971 年　　负责安徽艺术学院的阜阳招生。

1976 年　　为纪念周恩来总理展览与其他艺术家共同完成《按周恩来总理遗嘱将骨灰撒在祖国大地上》大型壁画。

1977 年　　油画《强渡天堑》入选“全军 50 周年美展”，中国人民革命军事博物馆收藏，发表于《人民日报》、《美术》杂志等全国性报刊。

1978 年	油画《上海工人第三次武装起义》、《第一次会见》，中国国家博物馆(原中国革命历史博物馆)收藏。
1979 年	油画《云岑》陈列于北京人民大会堂。
1980 年—1984 年 4 月	调离安徽前创作《黄山云海》。
1984 年 5 月	调回上海，筹建上海大学美术学院。
1984 年 9 月	任命为分管教学教务工作的副院长。
1986 年	筹划海外的画展，创作的《闹元宵》参与纽约市立大学画展、丹麦皇家花园展、“中国绘画艺术展”以及日本展出，建立对外交流关系。
1987 年	油画《皖南事变》入选“全军 60 周年美展”。
1990 年	应邀参加美国芝加哥艺术博览会。
	完成油画《南无系列》，参加上海艺术博览。
	上海大学美术学院美术展举办“张自申油画花卉展”。
1995 年	于上海大学美术学院正式退休。
1998 年	日本群马•前桥“张自申油画展”。
	中国台湾地区台北“张自申油画展”。
2001 年	参加“上海•基辅当代绘画作品展”。

2003 年　参加“中国当代肖像艺术集粹展”。

2005 年　参加中国美术馆“中国著名企业家肖像展”。

2006 年—2007 年　创作煤矿主题油画作品，“张自申——《第八盏灯》矿工系列油画作品展”2006 年 6 月先后在上海刘海粟美术馆、北京中国美术馆展出，并由中国美术馆收藏 15 幅油画作品。

2007 年　参展上海原曲画廊 “不一样的面孔”肖像展。

2007—2008 年　“不能忘却——张自申、徐唯辛作品联展”在上海、南京、安徽等地展出。

2008 年　参展上海原曲画廊“藏住的风景——油画展”。

2010 年　参展上海原曲画廊“安静就是力量——名家静物展”。

2011 年　参加上海第一届“亦师亦友”展。

参加上海“大湖上下——六人行”展。

2012 年　参加上海原曲画廊“不一样的面孔Ⅱ——人物肖像油画联展”。

2013 年　参加上海第二届“亦师亦友”展。

2014 年　参加上海原曲画廊“海派艺术系列——海派油画名家五人展”。

参加上海第三届“亦师亦友”展。

参展上海“30’40’50’海派油画展”。

2015 年　　上海原曲画廊“醉东风——张自申油画花卉作品展”。

作品图版

矿工系列

《脱险》 油画 120cm×100cm 2007 年

《第八盏灯》 布面油画 180cm×550cm 2006 年

《第八盏灯》（局部） 布面油画 2006 年

《第八盏灯》（局部） 布面油画 2006 年

《第八盏灯》（局部复制） 布面油画 2006 年

《矿工》（《第八盏灯》草稿之一） 布面油画 1800cm×1450cm 2006 年

《享受阳光》 b 布面油画 180cm×525cm 2007 年

《矿工帽之一》 油画 50cm×60cm 2009 年

《矿工帽之二》 油画 50cm×60cm 2009 年

《矿工帽之三》 油画 50cm×60cm 2009 年

《晚归》 油画 120cm×150cm 2007 年

《阳光 1 号》 布面油画 116cm×80cm 2006 年

《受伤的矿工》 油画 146cm×106cm 2007 年

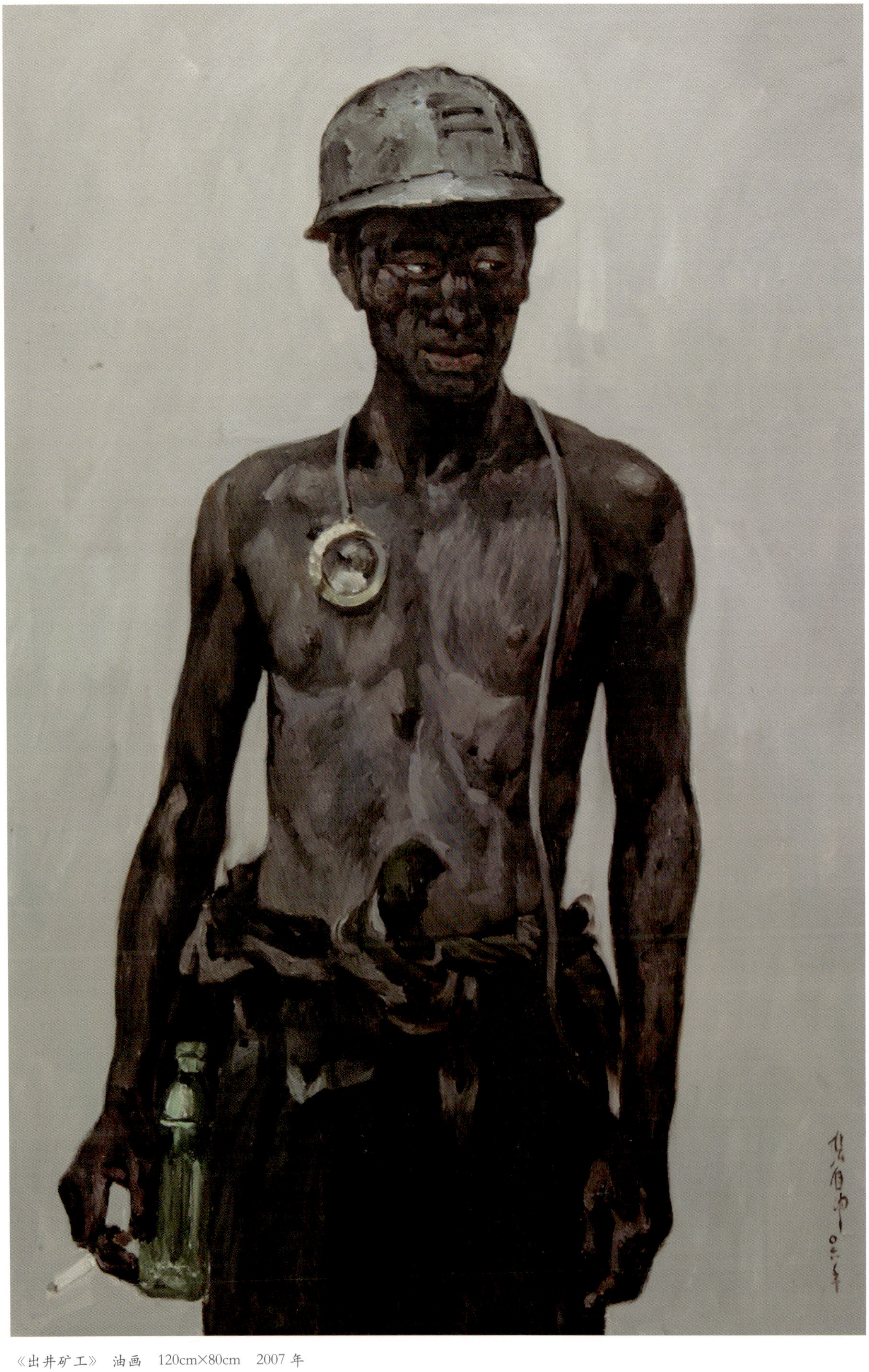

《出井矿工》 油画 120cm×80cm 2007 年

《矿工速写》 油画 70cm×60cm 2007 年

《下班路上》 油画 150cm×120cm 2007 年

《井下三矿工》 油画 150cm×120cm 2007 年

《掘井工》 油画 120cm×96cm 2007 年

《下班矿工张俊林》 油画 140cm×100cm 2006 年

《喝水的矿工》 油画 120cm×96cm 2006 年

《矿工和他的妻子》 油画 140cm×112cm 2007 年

《井道上》 油画 180cm×130cm 2006 年

《出井矿工》 油画 120cm×96cm 2006 年

《矿工速写》 油画

《矿工速写》 油画

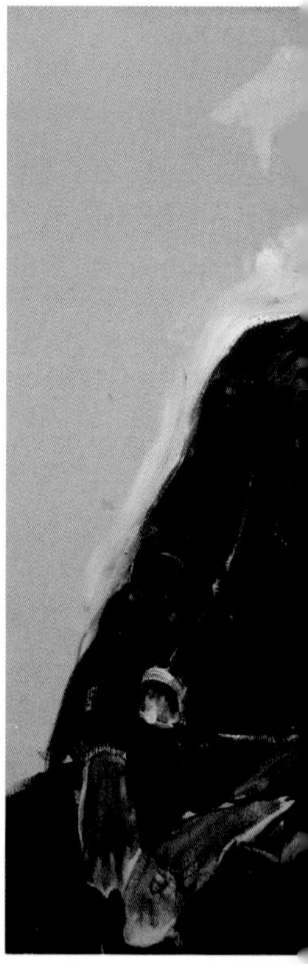

《矿工速写》 油画

《矿工速写》 油画

《矿工速写》 油画

《矿工之一》 速写 54cm×40cm 2005 年

《《矿工之二》 速写 54cm×40cm 2006 年

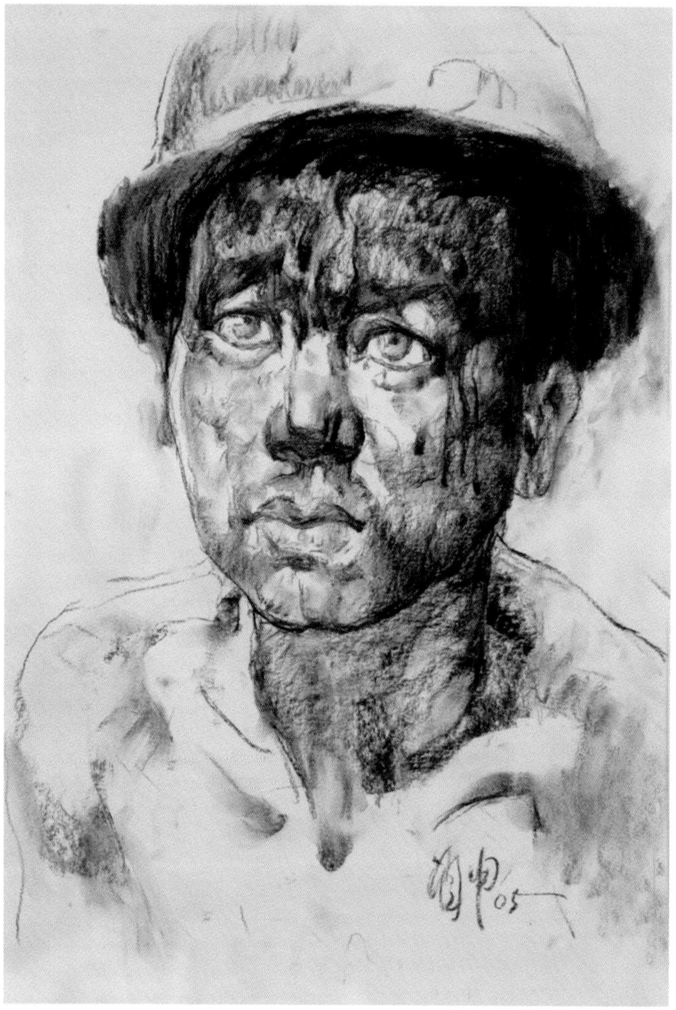

《矿工之三》 速写 54cm×40cm 2005 年

《矿工之四》 速写 54cm×40cm 2005 年

《矿工之五》 速写 54cm×40cm 2005 年

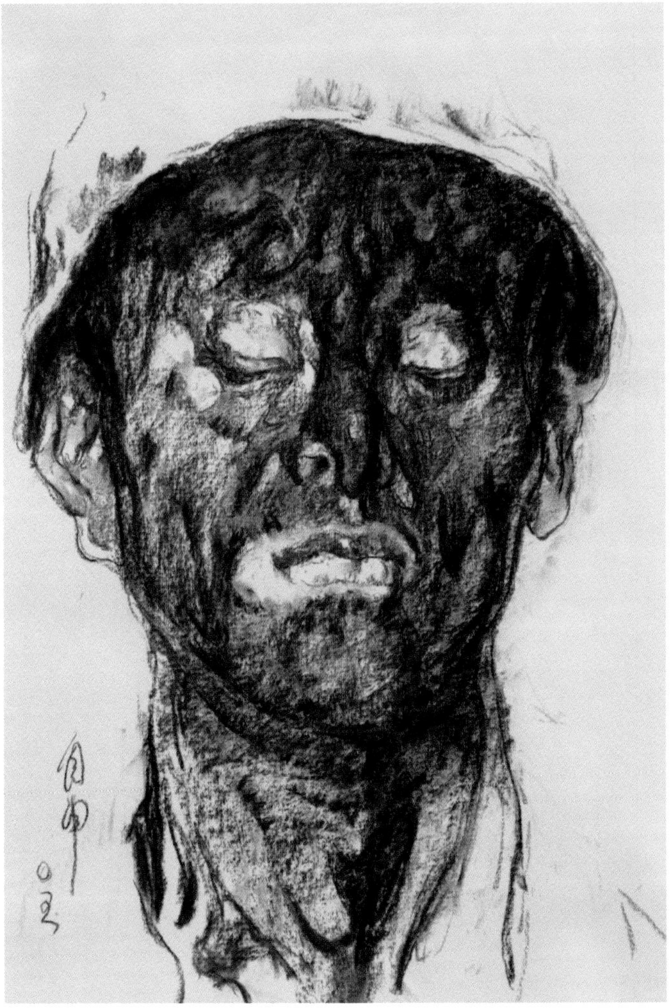

《矿工之六》 速写 54cm×40cm 2005 年

《矿工之七》 速写 54cm×40cm 2005 年

《矿工速写》 布面油画 45cm×35cm 2005 年

《矿工速写》 油画 45cm×35cm 2005 年

《矿工速写》 油画 45cm×35cm 2005 年

《矿工速写》 油画 45cm×35cm 2005 年

人物肖像

《南无系列·灌顶归来》 布面油画 100cm×80cm 1996 年

《佛堂》 油画 120cm×120cm 1990 年

《南无系列·顶礼》 布面油画 90cm×120cm 2001 年

《企业家》 油画 100cm×72cm 2004 年

《画家丁绍光》 油画 145cm×112cm 2002 年

《女子肖像》 布面油画 90cm×65cm 2012 年

《女子肖像》 布面油画 100cm×72cm 2012 年

《自画像》 油画 80cm×65cm 1999 年

《女子肖像》 油画 80cm×65cm 1999 年

《我的老家在安徽》 油画 120cm×150cm 2009 年

《女子肖像习作》 油画 80cm×65cm 1978 年

《女社员速写》 油画 45cm×36cm 1962年

《习作》 油画 45cm×36cm 1962 年

《马来西亚人像速写一》 油画 32cm×32cm 2007 年

《马来西亚人像速写二》 油画 32cm×32cm 2007 年

《马来西亚人像速写三》 油画 32cm×32cm 2007 年

《马来西亚人像速写四》 油画 32cm×32cm 2007 年

《马来西亚人像速写五》 油画 32cm×32cm 2007 年

《马来西亚人像速写六》 油画 32cm×32cm 2007 年

《马来西亚人像速写七》 油画 32cm×32cm 2007 年

《马来西亚人像速写八》 油画 32cm×32cm 2007 年

《马来西亚人像速写九》 油画 32cm×32cm 2007 年

《习作》 油画 56cm×40cm 1997 年

风 景

《南无系列·拜》 油画 80cm×60cm 1997 年

《江南写生》 油画 60cm×72cm 1998 年

《西藏写生一》 油画 53cm×62cm 1996 年

《西藏写生二》 油画 80cm×65cm 1996 年

《西藏写生三》 油画 100cm×75cm 1996 年

《皖南的冬》 油画 80cm×100cm 2003 年

《黄山·深壑》 油画 78cm×96cm 1998 年

《皖南的秋》 油画 74cm×100cm 1990 年

《黄山·紫气东来》 油画 90cm×120cm 1998 年

《皖南的冬》 油画 63cm×100cm 1997 年

《黄山之雾》 油画 73cm×100cm 2001 年

《腊月》 油画 80cm×100cm 1986 年

《林中》 油画 93cm×61cm 1995 年

《朱家角写生》 油画 60cm×71.5cm 1997 年

《江南写生•鸭棚》 油画 38cm×45cm 1997 年

《西藏写生》 油画 38cm×45cm 1997 年

《祇园寺》 油画 66cm×72cm 1996 年

《埃及尼罗河写生一》 油画 25cm×30cm 2002 年

《埃及尼罗河写生二》 油画 25cm×30cm 2002 年

《泰安艳阳》 油画 40cm×50cm 2007 年

《埃及写生》 油画 20cm×30cm 2002 年

《尼罗河写生三》 油画 25cm×30cm 2002 年

《尼罗河写生四》 油画 25cm×30cm 2002 年

《园津瑞雪》 油画 40cm×50cm 2007 年

《江南写生》 油画 32cm×41cm 1998 年

《湖满夕阳》 油画 80cm×100cm 1996 年

《南湖》 油画 76cm×100cm 1986 年

《市河寻捕》 油画 40cm×50cm 2010 年

《河畔人家》 油画 40cm×50cm 2010 年

《野渡渔舫》 油画 40cm×50cm 2010 年

《廊桥普照》 油画 40cm×50cm 2010 年

《长虹彩霞》 油画 40cm×50cm 2010 年

《古巷深处》 油画 50cm×40cm 2010 年

《淼趣登后》 油画 40cm×50cm 2010 年

《满江飞雪》 油画 50cm×60cm 2007 年

《孤舟渔鹰》 油画 40cm×50cm 2009 年

《雾锁河上》 油画 40cm×50cm 2007 年

《古镇银装》 油画 40cm×50cm 2007 年

女性系列

《裙系列》 油画 130cm×75cm 2008 年

《裙系列》 油画 130cm×75cm 2008 年

《裙系列》 油画 50cm×60cm 2008 年

《裙系列》 油画 50cm×60cm 2008 年

《裙系列》 油画 60cm×50cm 2008 年

《裙系列》 油画 60cm×50cm 2008 年

《裙系列》 油画 60cm×50cm 2008 年

《裙系列》 油画 60cm×50cm 2008 年

《裙系列》 油画 60cm×50cm 2008 年

《裙系列》 油画 60cm×50cm 2008 年

《裙系列》 油画 60cm×50cm 2008 年

《裙系列》 油画 60cm×50cm 2008 年

《裙系列》 油画 50cm×60cm 2008 年

《裙系列》 油画 50cm×60cm 2008 年

《裙系列》 油画 60cm×50cm 2008 年

《裙系列》 油画 60cm×50cm 2008 年

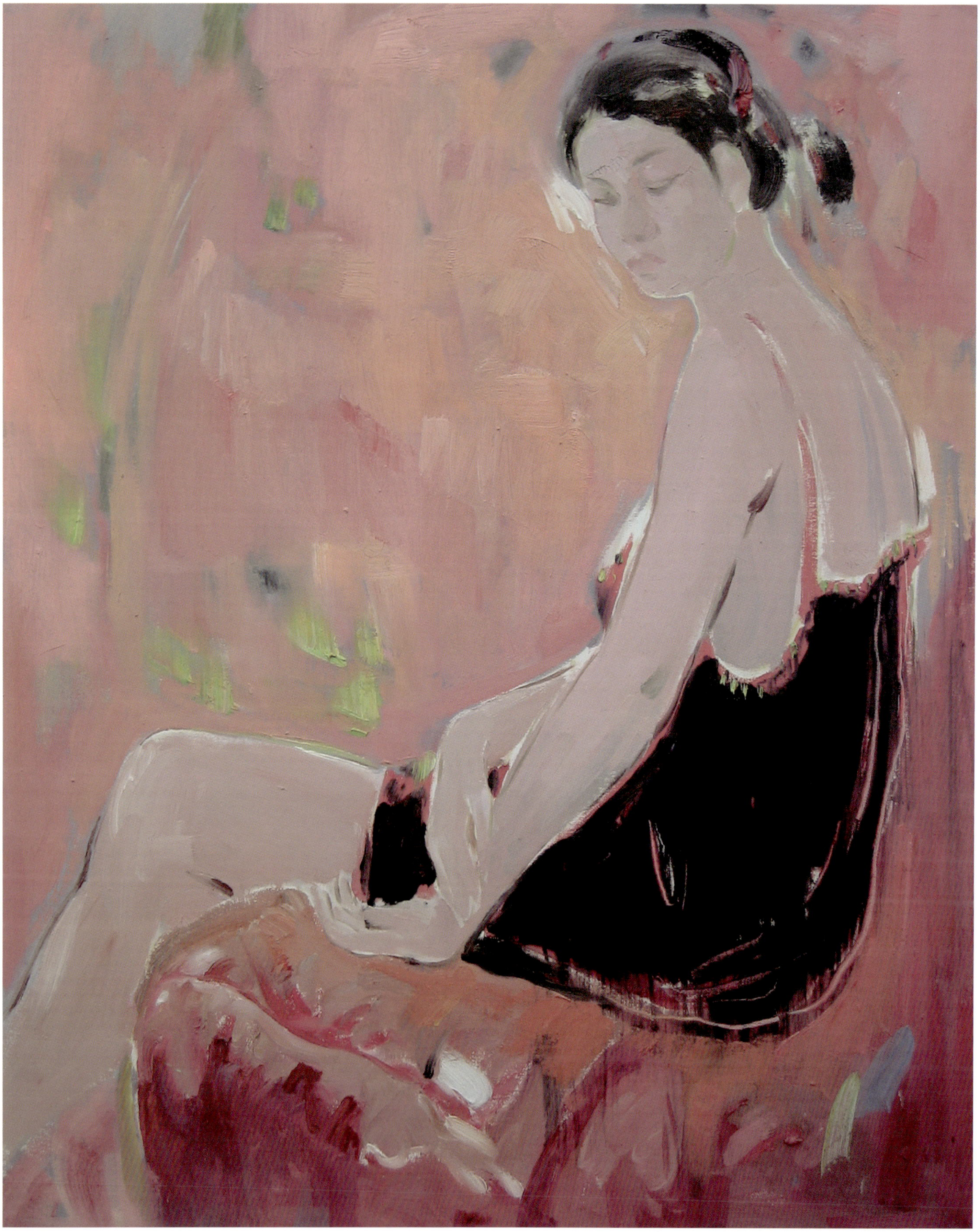

《裙系列》 油画 80cm×65cm 2008 年

《裙系列》 油画 60cm×50cm 2008 年

《裙系列》 油画 50cm×60cm 2008 年

《裙系列》 油画 60cm×50cm 2008 年

《裙系列》 油画 116cm×90cm 2007 年

《裙系列》 油画 116cm×90cm 2007 年

《裙系列》 油画 30cm×25cm 2001 年

《裙系列》 油画 30cm×25cm 2001 年

《裙系列》 油画 70cm×60cm 2005 年

《裸系列》 油画 50cm×60cm 2008 年

《裸系列》 油画 70cm×50cm 2006 年

《裸系列》 油画 100cm×73cm 2006 年

《裸系列》 油画 560cm×650cm 2005 年

《裸系列》 油画 60cm×70cm 2005 年

《裸系列》 油画 50cm×70cm 2005 年

《裸系列》 油画 50cm×70cm 2005 年

《裸系列》 油画 80cm×100cm 2005 年

《裸系列》 油画 50cm×60cm 2008 年

《裸系列》 油画 95cm×95cm 2005 年

《裸系列》 油画 50cm×60cm 2005 年

《裸系列》 油画 70cm×50cm 2005 年

《裸系列》 油画 60cm×70cm 2005 年

《裸系列》 油画 60cm×50cm 2005 年

《裸系列》 油画 65cm×80cm 2005 年

花 卉

《花卉》 油画 65cm×53cm 1998 年

《花卉》 油画 72cm×60cm 2000 年

《花卉》 油画 62cm×50cm 1998 年

《花卉》 油画 78cm×65cm 2001 年

《花卉》 油画 72cm×60cm 2001 年

《花卉》 油画 65cm×55cm 1999年

主题创作

《强渡天堑》 油画 120cm×275cm 1997 年
藏于中国革命历史博物馆

天通菴

《周恩来领导上海第三次武装起义》 油画 120cm×270cm 1978年
藏于中国国家博物馆

《第一次会见》 油画 120cm×160cm 1977 年
藏于中国国家博物馆

《老兵新传》 油画 90cm×120cm 1961年
藏于中央美术学院

《红军通过藏、彝族地区》 油画 145cm×300cm 1958 年
藏于中国民族博物馆

其他

《明信片之一》 油画 115cm×88cm 1996 年

《明信片之二》 油画 90cm×120cm 1996 年

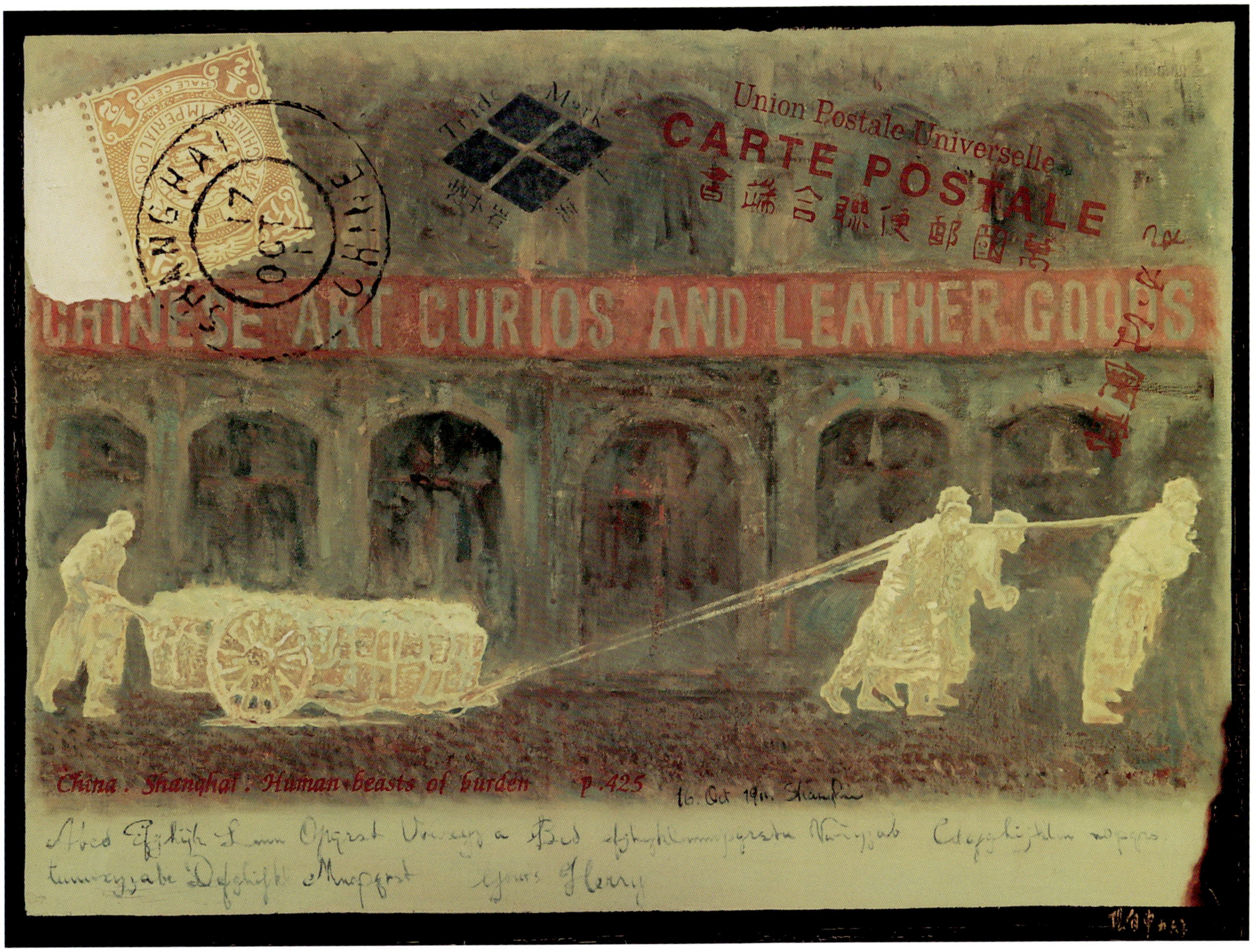

《明信片之三》 油画 75cm×100cm 1996 年

后记

“上美·足迹”系列丛书采用个案研究的方式，通过对代表性美术教育家的访谈采写，记载留存上海美术教育的鲜活的一手史料，同时搜集整理教育家的作品图像与文字资料，总结美术教育家们的艺术教育经历。2014年，这套丛书经上大美院学术委员会以及学院领导班子的集体讨论，决定予以项目立项，并获得了上海高校“美术学”高峰学科建设项目的经费资助。美院史论系、设计系的师生们予以本项目大力支持。史论系的李超教授，设计系的董卫星教授、杜士英教授都亲力亲为给予了各种指导与帮助。

该系列丛书通过回顾20世纪下半叶美术教育的历史，展望上海美术教育前景，为上海老一辈美术教育者著书立传，梳理前辈教育理念，以继承传统、前瞻未来。该丛书的意义，在于光大海派美术教育理念，服务上海美术教育的学科建设，为后来者建立可资借鉴的精神风范，树立从艺与治学的典范和楷模。

历时一年多，经过不断地访谈、整理、编辑、修校，使《上美·足迹 张自申》一书最终画上圆满句号。邵捷老师作为本书的主编，对每一个环节都力求做到最好，不论是项目的立项、访谈、资料收集，还是图片整理以及最后排版，她都步步把关、面面俱到。同时，在编校过程中，整个团队也积极配合，大家对每一个项目都尽心尽力，亲力亲为。

在采访过程中，我们能感受到张老师学识的雄厚和经验的丰富，让人十分敬佩。需要特别一提的是，张自申老师在当时作为负责学校教学教务的院长，张老师不仅对学校和学生付出很多心血，而且他把在安徽任教时期所积累的经验融合到上海大学美术学院的教学中，直至今日，都还对上大美院的教学理念都有着深刻的影响。

我们在搜集、整理张老师任院长期间提出一些教学方针。教学理念时，虽然遇到了些波折，但是张自申老师给予了我们很大支持，性情平和的他不仅十分配合此书的编写，而且对本书的文风要求也从简务实，使得本书能够在预计时间内完美出版。

在具体工作中，我们大概用了半年时间采访张自申老先生和他的学生，奔波于上海宝山区与青浦区之间。在访问过程中，我们先后采访了张自申老师及他的学生林加冰、章飙、徐伟德、许承兴、王涛等人。十分感谢张自申老师和他的学生们能在百忙之中抽出时间接受我们的访问，不论是电话采访还是亲自上门采访，他们都认真对待。采访结束之后，我们将修改好的稿子，由同学亲自送到老师家中，让张老师过目，张老师和他的学生们对于这些文稿尤为重视，一再修改，让我们备受感动。每一次写完一篇文章，都经“审稿、改稿、再改稿……直至最终定稿”这样一个过程，来来回回不下数十次，但是老师和学生们都没有怨言，总是竭尽全力去做好工作，直至达到令人满意的程度。

在整个访谈、整合、编辑出书的过程中，最离不开的就是团队合作。高浅和刘慧娴是学生访谈代表，她们多次亲自去访谈并参与收集资料、整理录音稿件等工作；周悦同学负责修改文稿、整合资料及排版校对等工作。尽管要经历一遍遍地辛劳奔波、一遍遍地审稿改稿，他们始终认真负责、一丝不苟。张纪、陆晓雯、郭二伟等同学是排版团队成员，负责书籍的整体装帧设计与版面编排等工作，特别是郭二伟和狄星皓同学负责版面编排工作，他不厌其烦地多次修改排版，力求本书尽善尽美。本书最终的圆满出版离不开这些学生的辛劳付出。

每一位团队成员都孜孜矻矻、勤勤恳恳地对待此书编排中的每一个细节，使得本书能顺利付梓。这套书籍对于保存20世纪以来上海美术教育的历史，传承与发扬上海美术教育的成果，具有非常重要的意义。

每一位团队成员都孜孜矻矻、勤勤恳恳地对待书稿编排中的每一个细节，使得本书能顺利付梓。这套“上美·足迹”丛书对于保存20世纪以来上海美术教育的历史，传承与发扬上海美术教育的成果，具有非常重要的意义。

李薇

2016年6月

图书在版编目（CIP）数据
上美·足迹　张自申 / 邵 捷主编. —上海：上海大学出版社，2015.12
ISBN 978-7-5671-2007-5

Ⅰ.①上… Ⅱ.①邵… Ⅲ.①张自申—生平事迹②张自申—油画—绘画评论—中国—文集 Ⅳ.①K825.72②J-53

中国版本图书馆CIP数据核字（2015）第264572号

总 策 划　汪大伟
图版作者　张自申
主　　编　邵　捷
编辑团队　刘慧娴　高　浅　周　悦　杨　旸　张秋伊
装帧设计　杜士英　张　纪　陆晓雯　郭二伟
版面编排　郭二伟　狄星皓
项目统筹　李　薇

责任编辑　柯国富
技术编辑　金　鑫　章　斐

书　　名　上美·足迹　张自申
主　　编　邵 捷

出版发行　上海大学出版社
社　　址　上海市上大路99号
邮政编码　200444
网　　址　www.press.shu.edu.cn
发行热线　021-66135112
出 版 人　郭纯生

印　　刷　上海主人印刷厂
经　　销　各地新华书店
开　　本　635×965　1/8
印　　张　37
字　　数　740千
版　　次　2016年1月第1版
印　　次　2016年1月第1次
书　　号　ISBN 978-7-5671-2007/K·139
定　　价　220.00元